Auditorías y continuidad de negocio

Joaquín Pintos Fernández

Auditorías y continuidad de negocio
© Joaquín Pintos Fernández

1ª Edición

© IC Editorial, 2025

Editado por: IC Editorial
c/ Cueva de Viera, 2, Local 3
Centro Negocios CADI
29200 Antequera (Málaga)
Teléfono: 952 70 60 04
Fax: 952 84 55 03
Correo electrónico: iceditorial@iceditorial.com
Internet: www.iceditorial.com

ISBN: 978-84-1184-654-7
Depósito Legal: MA 388-2025

Impresión: PODiPrint
Impreso en Andalucía – España

Nota de la editorial: IC Editorial pertenece a Innovación y Cualificación S. L.

Presentación del manual

El **Certificado de Profesionalidad** es el instrumento de acreditación, en el ámbito de la Administración laboral, de las cualificaciones profesionales del Catálogo Nacional de Cualificaciones Profesionales adquiridas a través de procesos formativos o del proceso de reconocimiento de la experiencia laboral y de vías no formales de formación.

El elemento mínimo acreditable es la **Unidad de Competencia.** La suma de las acreditaciones de las unidades de competencia conforma la acreditación de la competencia general.

Una **Unidad de Competencia** se define como una agrupación de tareas productivas específica que realiza el profesional. Las diferentes unidades de competencia de un certificado de profesionalidad conforman la **Competencia General,** definiendo el conjunto de conocimientos y capacidades que permiten el ejercicio de una actividad profesional determinada.

Cada **Unidad de Competencia** lleva asociado un **Módulo Formativo,** donde se describe la formación necesaria para adquirir esa **Unidad de Competencia,** pudiendo dividirse en **Unidades Formativas.**

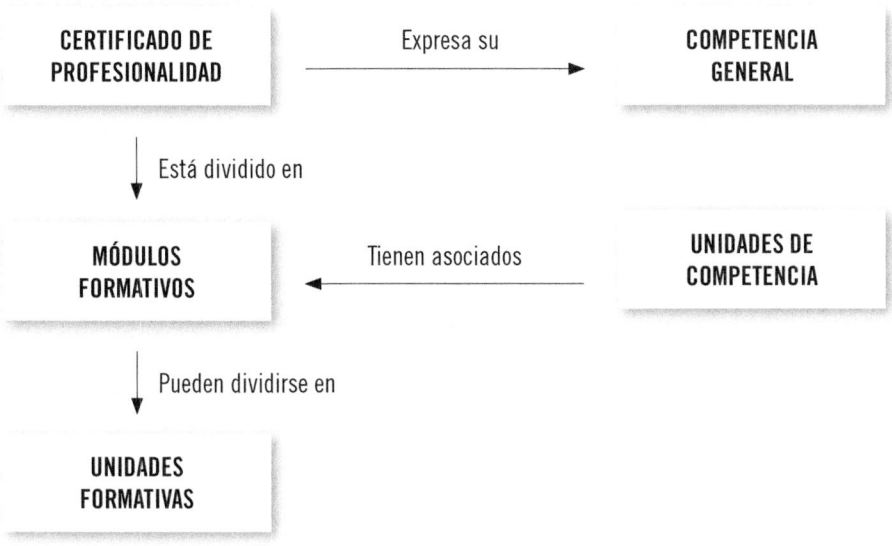

El presente manual desarrolla la Unidad Formativa **UF1895: Auditorías y continuidad de negocio,**

perteneciente al Módulo Formativo **MF0485_3: Administración software de un sistema informático,**

asociado a la unidad de competencia **UC0485_3: Instalar, configurar y administrar el software de base y de aplicación del sistema,**

del Certificado de Profesionalidad **Gestión de sistemas informáticos.**

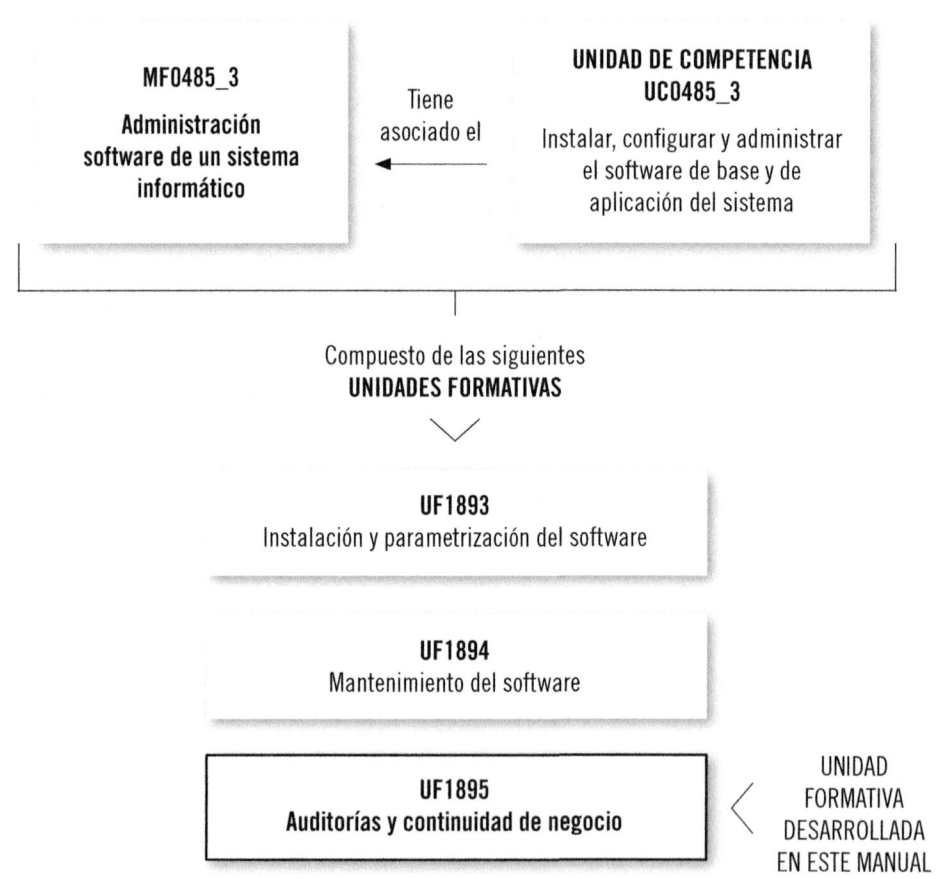

FICHA DE CERTIFICADO DE PROFESIONALIDAD

(IFCT0510) GESTIÓN DE SISTEMAS INFORMÁTICOS (R. D. 1531/2011, de 31 de octubre modificado por el R. D. 628/2013, de 2 de agosto)

COMPETENCIA GENERAL: Configurar, administrar y mantener un sistema informático a nivel de hardware y software, garantizando la disponibilidad, óptimo rendimiento, funcionalidad e integridad de los servicios y recursos del sistema.

Cualificación profesional de referencia	Unidades de competencia		Ocupaciones o puestos de trabajo relacionados:
IFC152_3 GESTIÓN DE SISTEMAS INFORMÁTICOS (R. D. 1087/2005, de 16 de septiembre)	UC0484_3	Administrar los dispositivos hardware del sistema	• 2721.1018 Administrador de sistemas de redes • Administrador de sistemas • Responsable de informática
	UC0485_3	Instalar, configurar y administrar el software de base y de aplicación del sistema	
	UC0486_3	Asegurar equipos informáticos	

Correspondencia con el Catálogo Modular de Formación Profesional

Módulos certificado	Unidades formativas	Horas
MF0484_3: Administración hardware de un sistema informático	UF1891: Dimensionar, instalar y optimizar el hardware	70
	UF1892: Gestionar el crecimiento y las condiciones ambientales	50
MF0485_3: Administración software de un sistema informático	UF1893: Instalación y parametrización del software	90
	UF1894: Mantenimiento del software	70
	UF1895: Auditorías y continuidad de negocio	50
MF0486_3: Seguridad en equipos informáticos		90
MP0398: Módulo de prácticas profesionales no laborales		80

III

Índice

Capítulo 4
Planes de auditoría

Capítulo 1
Copias de respaldo

Contenido

1. Introducción

La tecnología no está libre de fallos o errores, y las copias de seguridad, *backups* o copias de respaldo se utilizan como medida preventiva contra la pérdida de datos por desastres que puedan ocurrir. Es muy importante clasificar correctamente la información según su importancia para poder optimizar los recursos disponibles para su protección.

Existen varios tipos de copia y es necesario conocerlos para aprovechar sus ventajas. Dependiendo de la importancia y la cantidad de datos modificados se puede decidir qué método o combinación de ellos utilizar. Para esta tarea existen herramientas *hardware* y *software,* algunas incluidas en los sistemas operativos y otras específicas. Hay que concienciar sobre la necesidad de realizar copias de seguridad y confeccionar un plan de copias si se valora el trabajo o la información almacenada en un ordenador. Al igual que es importante deshacerse de forma segura de los datos que ya no son necesarios.

Realizar las copias no es suficiente. También hay que tener todo el proceso bien documentado, verificar que las copias se han realizado correctamente y realizar simulacros de caída del sistema completo para asegurar realmente que se está preparado contra cualquier desastre.

2. Tipificar los datos según sus necesidades de copia

Lo más valioso de cualquier negocio son sus datos. Si se estropea el monitor de un equipo, o falla el lector de DVD, o se rompe el procesador se soluciona simplemente sustituyendo la pieza estropeada por otra. Pero si lo que falla es el disco duro el daño puede ser irreversible si no se puede recuperar la información que contiene. Esta es la razón principal por la que es necesario tener una copia de seguridad de la información importante.

Todos los datos que se crean o se mantienen almacenados deben identificarse y organizarse para que cuando se necesite trabajar con ellos se sepa dónde encontrarlos y que la recuperación se pueda realizar de forma eficiente. Clasificar los datos también permite saber qué datos son los más importantes, cómo tratarlos, si son datos de carácter personal, dónde almacenarlos, la cantidad de datos, si deben ser eliminados o por el contrario no pueden serlo.

 Sabía que...

El mayor riesgo de pérdida de información son los fallos de los sistemas, errores humanos o robos.

Hay que salvaguardar todos los datos importantes para la empresa pero dando prioridad a los archivos que son muy difíciles o imposibles de volver a obtener.

2.1. Clasificación de la información

Una clasificación correcta de la información ayuda a evitar la pérdida de datos. Es muy importante conocer lo críticos que son los datos que se manejan y establecer una correcta clasificación. Se pueden clasificar según su importancia, posibilidades de recuperación o confidencialidad.

Clasificar la información aporta una serie de beneficios, los más importantes son:

- Demuestra un compromiso para proteger la información.
- Permite identificar la información que es más sensible y la que es más importante.
- Permite garantizar la confidencialidad, integridad y disponibilidad de la información que se utiliza, se genera o almacena.

Sabía que...

No existe una única forma de clasificar los datos: se puede utilizar un criterio determinado o varios simultáneamente.

Existen muchos criterios de clasificación, pero atendiendo a criterios de confidencialidad la información se pueden clasificar como:

- No clasificada. A esta información puede acceder todo el mundo.
- Sensible, pero no clasificada. Es información secreta pero de poca importancia.
- Confidencial. Es una información de uso exclusivo para el fin proporcionado.
- Secreta. Información que es de uso exclusivo de la empresa.

Recuerde

Ante la duda de si un archivo es importante o no, mejor incluirlo en la copia de seguridad.

Entre los criterios de clasificación, algunos de los más utilizados son:

- **Valor.** Consiste en asignarle un valor a cada tipo de información relacionado con la importancia de esos datos para la empresa.
- **Temporalidad.** En casos en que la información va perdiendo valor con el paso del tiempo.
- **Vida útil.** En casos donde la información antigua queda obsoleta al ser reemplazada por la nueva información.

- **De carácter personal.** Por ley, toda la información personal debe ser clasificada.

Recuerde

La decisión final sobre qué datos incluir en una copia de seguridad se toma en función de lo críticos que son y su valor para la empresa.

2.2. Clasificación de roles

Todas las personas que trabajan con información deben asumir su responsabilidad al manejar y tener acceso a los datos. Se puede establecer una clasificación de los roles de las personas que trabajan con información y asignarles una serie de responsabilidades.

Las responsabilidades que debe asumir el dueño de la información son:

- Es el primero que tiene que determinar el nivel de clasificación de los datos.
- De forma periódica debe revisar la clasificación asignada y modificarla en caso de que sea necesario.
- Delegar la responsabilidad de protección a la persona que custodia la información.

Entre las responsabilidades de las personas que custodian la información se pueden destacar:

- Ejecución de procedimientos de respaldo de la información y verificación.
- Ejecución de procesos de recuperación de la información en caso de ser necesario.
- Mantenimiento de registros conformes a la clasificación de la información.
- Impedir que personas no autorizadas accedan a la información.

Importante

Desde el primero que crea los datos hasta el último que accede a ellos todos tienen su parte de responsabilidad sobre la información que manejan.

Los usuarios de los datos también tienen responsabilidades a la hora de trabajar con los datos. Las responsabilidades de los usuarios son:

- Deben seguir los procesos de operación definidos por la empresa.
- Deben preservar la seguridad de la información durante la realización de su trabajo.
- Deben utilizar los recursos de la empresa exclusivamente para los propósitos de la misma.

Recuerde

Los datos deben estar a salvo, es una necesidad.

Actividades

1. Piense en la información que guarda en su ordenador y qué pasaría si desapareciera mañana. ¿Cuál sería la información más valiosa para usted? ¿Por qué?
2. Reflexione sobre si la información que contiene su ordenador es igual de importante para usted que para cualquier otra persona. Razone su respuesta.
3. Realice una clasificación de la información contenida en su ordenador.

Aplicación práctica

Usted ha sido contratado en una nueva empresa y se le asigna un ordenador para que trabaje. El equipo ya había sido usado por un empleado anterior y le piden que antes de empezar a trabajar recopile y clasifique la información que encuentre en el equipo que sea de interés para la empresa.

Los datos encontrados son:

- Correos personales y correos de clientes.
- Fotos personales del antiguo empleado.
- Archivos de música y videos no relacionados con la empresa.
- Archivo con nombres de usuario y claves para acceder a servicios de la empresa.
- Documentos sobre la forma de trabajar elaborados por el trabajador anterior.
- Registros de copias de seguridad realizadas.
- Documento con tareas pendientes del empleado anterior.

SOLUCIÓN

Los correos personales no son relevantes pero sí lo son los correos de clientes para contestar a sus preguntas y darles el soporte merecido. Las fotos personales se pueden borrar, al igual que la música y las películas, que suponen un gasto de espacio innecesario. El archivo con claves es muy importante, ya que perderlo puede suponer perder el acceso a otros servicios. Los documentos sobre la metodología utilizada por el antiguo empleado pueden ser muy útiles. Los registros de las copias de seguridad realizadas hay que guardarlo y continuarlo. El documento con tareas pendientes también es importante para terminar tareas iniciadas sin completar.

3. Diferenciar los distintos tipos de copias distinguiendo las diferencias entre copias completas, incrementales, y diferenciales, así como las ventajas e inconvenientes de cada una de ellas, y las combinaciones más habituales de las mismas

La tecnología no está libre de errores, y las copias de seguridad son la solución empleada en caso de que se produzcan fallos.

La compra de dispositivos para tener redundancia de datos o sustituir los dispositivos averiados no es caro si se tiene en cuenta que protegen la información que podría ser muy difícil y cara de recuperar o incluso irrecuperable de otro modo. Además, en caso de fallo se podría recuperar la información inmediatamente sin tener que recurrir a ayuda técnica especializada que supone un gasto económico importante, además de que el servicio suele tardar bastante.

La pérdida de los datos de la empresa puede causar importantes daños e incluso suponer el cierre de esta. Algunos efectos negativos para la empresa cuando se produce una pérdida de datos son:

- Imposibilidad de realizar el trabajo por no poder acceder a los datos necesarios para el funcionamiento de la empresa.
- Pérdidas económicas por la pérdida de los datos que pueden ser de clientes o de trabajos ya realizados.
- Pérdida de tiempo por trabajos ya completados que hay que volver a empezar.
- Pérdidas económicas por el tiempo de inactividad hasta que se recupere el sistema.
- Quejas y pérdida de confianza de los clientes.

La realización de copias de seguridad es un elemento de seguridad pasivo. Es una medida que se realiza para, una vez que se ha producido un desastre, minimizar los problemas y restablecer los sistemas lo antes posible.

Se pueden distinguir varios tipos de copias de seguridad o *backups*. Los más comunes son:

- Copia total o completa.
- Copia incremental.
- Copia diferencial.

Estos tipos de copia se pueden utilizar de forma combinada para obtener los mejores resultados en cuanto a capacidad de almacenamiento y rapidez. Dependiendo del caso la mejor solución será uno u otro método.

3.1. Copia de seguridad total o completa

Una copia de seguridad total o completa consiste en hacer una copia de todos los archivos seleccionados; es una copia normal de los archivos que se quieran incluir en el *backup,* asegurando que todos los datos seleccionados se respaldan íntegramente cada vez que se realiza esta copia.

En sistemas de archivos modernos y *software* de *backup,* el concepto de "bit de modificación" o "bit archive" (bit de archivo) es esencial. Sin embargo, más que poner a 0 el bit de modificación lo que ocurre es que se marca el archivo como respaldado; muchos sistemas de *backup* modernos utilizan diferentes técnicas y marcas internas para realizar este seguimiento. Este bit, en los sistemas que lo utilizan, indica que un archivo ha sido modificado desde la última copia de seguridad.

Copia de seguridad total

La ventaja de este tipo de copia es que es el más fácil de restaurar. Para restaurarla solo es necesario disponer de la última copia de seguridad realizada.

El principal inconveniente de este tipo de copia es que ocupa mayor espacio, ya que en cada copia se realiza una copia completa de todos los archivos.

Sabía que...

A veces se habla de copia de seguridad parcial. Una copia de seguridad parcial es como una copia total donde solo se incluye una parte de los datos.

Aplicación práctica

Una pequeña empresa cuenta con un ordenador para almacenar toda la información sobre su negocio, incluidos datos de los clientes, trabajos realizados y contabilidad de la empresa. Un día el único disco duro del equipo se rompe y deja de funcionar.

Analice el daño y el impacto que sufre la empresa por esta pérdida.

SOLUCIÓN

No se puede confiar la parte más importante de una empresa al sistema de almacenamiento de un ordenador al que no se le ha prestado la suficiente atención en cuanto a su *hardware* y *software*.

En este caso los daños *hardware* no son muy grandes económicamente: un disco duro puede ser sustituido por otro rápidamente, pero no así el sistema operativo y todos los programas instalados. Pero lo más importante y en este caso irreemplazable si no hay copia de seguridad son los datos guardados en el disco. Incluso aunque la información pudiera ser recuperada, el proceso es caro y no es inmediato, sino que en el mejor de los casos habría que esperar días.

La pérdida de información provoca graves daños a la empresa:

- Pérdida de cartera de clientes.
- Pérdida de oportunidades de negocio.
- Clientes insatisfechos.
- Pérdida de reputación.
- Pérdida de tiempo y dinero.

3.2. Copia de seguridad incremental

Se hace una copia solo de los archivos que han sido modificados desde la última copia de seguridad incremental o completa. Los archivos que han variado tienen el bit de modificación activado a 1. Cuando se realiza la copia los bits de modificación de los archivos se vuelven a poner a 0.

Copia de seguridad incremental

Datos día 1   Datos día 2   Datos día 3

Total 1   Inc. 1   Inc. 2

Para realizar una restauración se necesita la última copia completa y todas las copias incrementales posteriores.

Restauración de copia de seguridad incremental

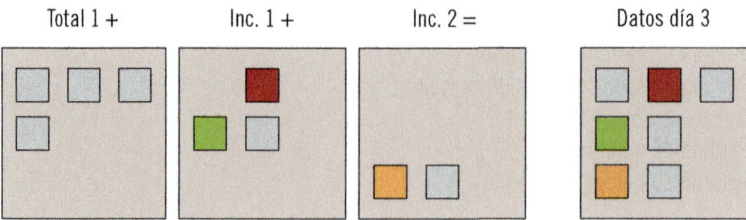

Total 1 +   Inc. 1 +   Inc. 2 =   Datos día 3

La ventaja de este tipo de copia es que necesita menos capacidad de almacenamiento y es el más rápido en realizarse. Solo guarda la información que ha sido modificada desde la última copia de seguridad, ya sea completa o incremental.

Su mayor inconveniente es que para realizar una restauración se necesita la última copia completa y todas las copias incrementales realizadas hasta la fecha. Si alguna de las copias incrementales no está o está dañada no se podrán restaurar los datos.

 Aplicación práctica

Una empresa realiza periódicamente copias de seguridad. Todos los domingos realiza una copia total y los demás días una copia incremental. Le han contratado y el viernes le encargan como tarea restaurar los datos al estado en el que estaban el jueves.

Identifique las copias que necesita y los pasos necesarios para completar la tarea.

SOLUCIÓN

Para restaurar los datos se necesitará la copia total inmediatamente anterior, que será la del domingo. Además se necesitarán todas las copias incrementales posteriores, desde el lunes al jueves.

Los pasos necesarios para restaurar los datos son:

I Restablecer la copia total del domingo anterior.
I Restaurar las copias incrementales desde la más antigua a la más actual. Se restauran las copias del lunes, del martes, del miércoles y la del jueves, en ese orden.

De esta forma ya se tendrán los datos como estaban el jueves.

3.3. Copia de seguridad diferencial

La copia de seguridad diferencial respalda todos los archivos que han sido modificados desde la última copia de seguridad completa. En este tipo de copias, los bits de modificación se mantienen activados (a 1) después de la copia. Estos bits solo se desactivarán (a 0) al realizar una copia de seguridad completa. En algunos sistemas, una copia incremental también puede desactivar estos bits, pero esto puede variar dependiendo del *software* de respaldo utilizado.

Copia de seguridad diferencial

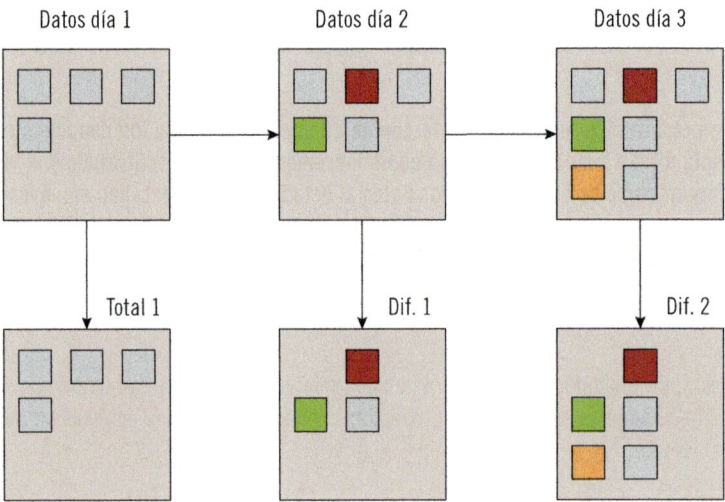

Para realizar una restauración se necesita la última copia completa y únicamente la última copia diferencial.

Restauración de copia de seguridad diferencial

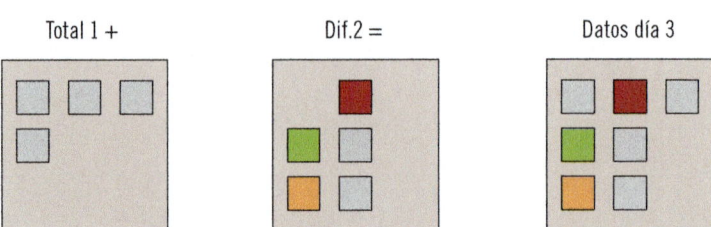

La ventaja de este tipo de copias es que no necesita tanto espacio de almacenamiento como las copias totales y la restauración es más sencilla que la incremental.

 Sabía que...

Las empresas son las que más recurren a mantener copias de seguridad, pero es una buena práctica también en usuarios particulares.

Su desventaja sobre otro tipo de copias es que si los datos cambian mucho las copias diferenciales son cada vez más grandes.

3.4. Copias de seguridad combinadas

Las copias de seguridad incrementales incluirán los archivos modificados desde la última copia total o incremental.

Las copias de seguridad diferenciales incluirán los archivos modificados desde la última copia total o incremental. Los archivos modificados tras las copias diferenciales inmediatamente anteriores son copiados de nuevo en la nueva copia diferencial porque no se desactivan los bits de modificación.

Copia de seguridad combinada

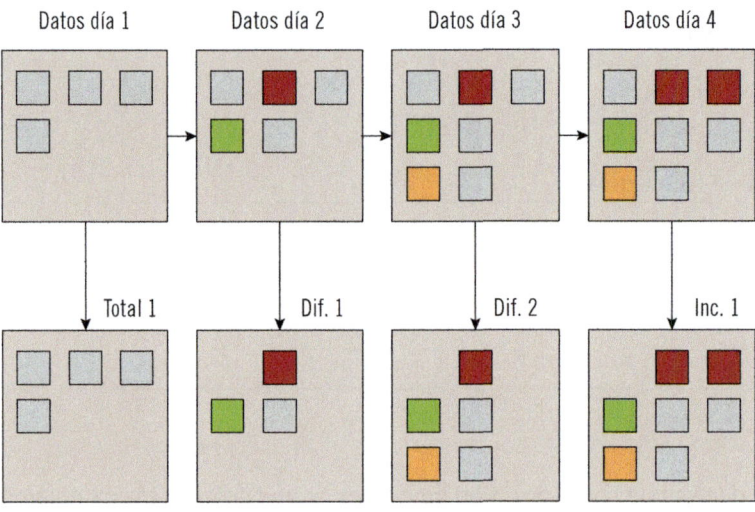

Para realizar una restauración se necesita la última copia completa y todas las copias incrementales realizadas hasta la fecha, y además la última copia diferencial, si la hay. Si la última copia es incremental no es necesaria la última copia diferencial.

Restauración de copias de seguridad combinada

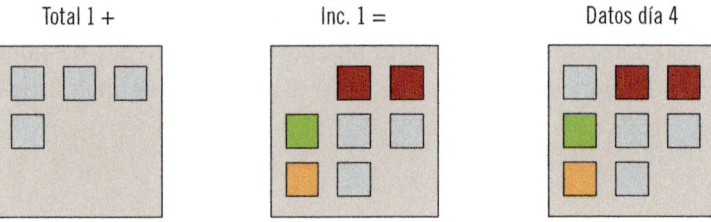

La ventaja de utilizar copias combinadas es que se tiene más libertad para ajustar la rapidez y la cantidad de datos a almacenar según las necesidades de cada caso particular.

El inconveniente es que la realización y restauración de las copias es más compleja a nivel organizativo y técnico.

 Aplicación práctica

Una empresa realiza periódicamente copias de seguridad de sus datos. Todos los días 1 del mes realiza una copia total. Los domingos realiza una copia incremental, y el resto de días una copia diferencial.

Este mes el día 1 ha sido lunes y el día 10, poco después de realizarse la copia de seguridad del día, se ha producido una avería que ha provocado la pérdida de los datos originales.

¿Qué copias son necesarias y qué pasos hay que dar para restaurar los datos a la versión más actual posible?

SOLUCIÓN

Si el día 1 es lunes el día 10 es miércoles.

Para restaurar los datos se necesitará la copia total inmediatamente anterior, que será la del día 1 del mes actual. Además se necesitarán todas las copias incrementales posteriores, y la última copia diferencial.

Los pasos necesarios para restaurar los datos son:

- Restablecer la copia total del día 1 del mes.
- Restaurar las copias incrementales desde la más antigua a la más actual. Se restaura la copia incremental del domingo día 7, que es la única copia incremental después de la total.
- Hay que restaurar la última copia de seguridad diferencial siempre que sea la última. En este caso lo es, y es la copia del miércoles día 10.

De esta forma la restauración se ha realizado con la copias:

TOTAL (día 1) + INCREMENTAL (día 7) + DIFERENCIAL (día 10)
Ya se tendrán los datos como estaban el miércoles día 10 antes de producirse el problema.

 **Actividades**

4. Explique para qué sirve una copia de seguridad.
5. Si se realizan copias de seguridad diarias, ¿qué pasa si se produce un fallo en el sistema y se pierde la copia de seguridad del último día?
6. Realice una copia de seguridad total de la carpeta donde guarde sus documentos.

4. Establecer correctamente los periodos de retención acordes con las normas de seguridad de la empresa, con las necesidades según el tipo de datos, y con la legislación vigente

Cuando se realizan copias de seguridad, dependiendo de la empresa y los tipos de datos, no siempre se tienen los mismos objetivos y necesidades. Hay que establecer cada cuánto se necesita un punto de recuperación y el tiempo que será empleado en la restauración. En la mayoría de los casos los datos más antiguos necesitan menos puntos de recuperación y los tiempos de restauración no son tan críticos como los de los datos más nuevos. Una práctica común es establecer copias de seguridad por niveles. No tienen las mismas necesidades de seguridad los datos antiguos y los nuevos. Muchas veces el mantener datos antiguos es simplemente por cumplimiento de políticas de la empresa o leyes. Los datos más antiguos, de más de seis meses, deben ser archivados, de forma que el coste de su almacenamiento sea más económico aunque se pierda en velocidad de recuperación.

Un buen plan de recuperación debe basarse en el equilibrio entre rapidez de efectuar y recuperar las copias de seguridad de los datos importantes y la rentabilidad de mantener los datos más antiguos para ajustar el presupuesto. De esta forma se ajusta el valor de los datos guardados con el coste de su protección.

Nota

No se debe pagar lo mismo por proteger datos antiguos y poco usados que por los nuevos. No se deben guardar los datos más antiguos en el mismo medio de almacenamiento en el que se guardan los datos más recientes y utilizados.

Para simplificar el trabajo de la persona encargada de administrar la protección de datos se podrían tratar a todos los datos de la misma forma, pero esto supone un coste muy alto para la empresa. Se puede dar el caso de que los datos estén más protegidos de lo necesario, si se hacen copias con mucha frecuencia, o que los datos estén muy poco protegidos, si no se realizan copias con suficiente frecuencia. Los datos deben ser protegidos según su importancia para evitar costes innecesarios.

La mayor parte de los datos no se utilizan, y si no se accede a ellos en los primeros días las probabilidades de que se acceda a estos disminuye drásticamente. Estudios de patrones de acceso han demostrado que más del 90 % de todos los archivos se abren menos de cinco veces. Y después de crearlos, la mayoría de archivos solo se vuelven a abrir una sola vez.

 Recuerde

Todos los datos no son iguales, y no deben ser tratados de la misma forma.

Es conveniente que la empresa establezca una serie de niveles de seguridad para sus datos. Los niveles son una forma de clasificar los datos según su importancia y por tanto según sus necesidades de copia. Serán más importantes los datos actuales y que más se utilizan, por lo que estarían en el nivel superior.

Por otro lado los datos menos utilizados, pero que se conservan por cualquier motivo, pertenecerían al nivel más bajo.

Los programas *software* encargados de realizar las copias de seguridad cuentan con opciones que permiten automatizar las copias por niveles basándose en reglas y políticas para que los datos más antiguos se almacenen en medios más baratos de mantener. También existen herramientas que ayudan a identificar los contenidos activos e inactivos, ayudando a conseguir más eficiencia en el archivado y eliminación de datos.

En cuanto a la retención de datos, no se deben almacenar los datos más tiempo del necesario. El tiempo mínimo y máximo puede ser determinado por leyes que hay que cumplir, pero además hay que tener en cuenta los intereses de la empresa. En cada país existen diferentes categorías de documentos y plazos de retención. Dependiendo del tipo de documento y la actividad de la empresa los periodos de retención son diferentes.

Definición

Periodo de retención de datos
Es el tiempo durante el cual se conservan almacenados unos determinados datos sin borrarlos.

Puede ser que a una empresa no le interese mantener los datos más tiempo del que le obliga la ley, ya que esto supone un gasto innecesario. Pero también pueden existir empresas a las que les interesa mantener todos, o algunos datos el máximo tiempo posible.

 **Recuerde**

Hay que unificar la necesidad de conservación de los datos con el respeto de la privacidad de los usuarios.

Una vez cumplido el plazo obligatorio de mantenimiento de los datos hay que proceder a su destrucción si se desea deshacerse de ellos. Es conveniente mantener un registro de la destrucción de los datos como prueba.

En general, los datos de carácter personal hay que conservarlos, al menos, durante 12 meses. Pero la Ley Orgánica 3/201 8, de 5 de diciembre, de Protección de Datos Personales y garantía de los derechos digitales, en algunas circunstancias, obliga a retener los datos por más tiempo. En este caso, aunque la empresa no necesite los datos o, incluso, el cliente quiera darse de baja, los datos no se eliminan, sino que se cancelan.

Esto significa que la empresa no puede hacer uso de esos datos, pero sí debe conservarlos durante el tiempo estipulado en la Ley Orgánica 3/2018. Esos datos son exclusivamente para tenerlos a disposición de las Administraciones Públicas, Jueces y Tribunales, para posibles investigaciones.

La complejidad e ineficiencia del sistema de almacenamiento crece a medida que se añaden dispositivos de almacenamiento distintos. Si se quiere reducir datos y optimizar la cantidad de almacenamiento se debe comenzar haciendo un análisis para saber los datos que se tienen y pasarlos al nivel de almacenamiento más idóneo.

Consejo

Cuando se retienen datos a largo plazo a veces el soporte donde se almacenan se queda anticuado. No olvide mantener los reproductores necesarios para leer los soportes con la información.

Actividades

7. Señale qué inconvenientes tiene para la empresa almacenar datos que ya no necesita.

Aplicación práctica

Una empresa que maneja gran cantidad de información necesita establecer unos periodos de retención de sus datos. Para ello, necesita organizar sus datos en niveles que permitan ajustarlos a sus necesidades de copia. La empresa decide que los datos más importantes serán los que tienen menos de 6 meses y quiere que estos sean recuperados rápidamente en caso de pérdida. Por otra parte decide que los datos de más de 6 meses de antigüedad no los conservará, porque ya no le resultan útiles. De cualquier forma quiere cumplir con las leyes de retención de datos y guardará los datos que sea obligatorio mantener después de los 6 años.

Proponga unos niveles de seguridad adecuados para organizar los datos de forma que se ajusten a las necesidades de copia de la empresa.

Continúa en página siguiente >>

<< Viene de página anterior

SOLUCIÓN

Para cumplir los requisitos de la empresa se pueden establecer los siguientes niveles:

■ Primer nivel: para los datos más recientes (de menos de 6 meses) para poder realizar una recuperación muy rápida. Se almacenarán de forma preferente y serán los más caros de mantener.
■ Segundo nivel: para datos más antiguos (de más de 6 meses y menos de 6 años) que hay que mantener por políticas de empresa. No es necesario recuperarlos de forma inmediata por lo que se pueden almacenar de alguna forma más económica que los de primer nivel.
■ Tercer nivel: para datos muy antiguos (de más de 6 años). Aunque la empresa ya no los necesite se mantienen para cumplir con leyes de retención de datos.

5. Dimensionar las copias de seguridad

Es importante ser consciente de la cantidad de datos con la que se trabaja. No es lo mismo realizar copias de seguridad de un volumen de información pequeño que de un volumen de información grande. Dependiendo de la cantidad de datos a guardar se necesitarán unos medios de almacenamiento u otros. También hay que tener en cuenta el tiempo necesario para la realización de las copias y el tiempo disponible para su restauración.

5.1. Establecer el tamaño de copia completa acorde con los datos a copiar y la ocupación estimada en el dispositivo de copias

Dependiendo del tamaño de los datos a copiar y de la frecuencia con la que cambian hay que buscar la solución más eficiente que permita tener los datos seguros y que el proceso de copia y restauración no sea muy complejo.

La copia total es la base para los otros tipos de copia, pero si el volumen de datos a copiar no es muy grande (aproximadamente 4 GB), realizar siempre copias totales es lo más práctico. De esta forma si se produce un desastre la recuperación es muy sencilla, puesto que solo hay que acudir a la última copia completa.

Recuerde

Según el tipo de copia utilizado se necesitará más o menos espacio para almacenar los datos.

Realizar una primera copia total y después siempre copias diferenciales es lo más adecuado cuando la cantidad de datos de la copia es muy elevada (más de 50 GB), pero el volumen de datos que se modifica es pequeño (alrededor de 4 GB). De esta forma, en caso de desastre la recuperación se realiza partiendo de la copia total y la última diferencial. De forma periódica conviene realizar una nueva copia total y empezar de nuevo con las diferenciales.

Conviene realizar una copia total inicial y posteriormente siempre copias incrementales cuando el volumen de datos de la copia es muy elevado (más de 50 GB) y la cantidad de datos modificados también es grande. Las copias incrementales son las que menos espacio ocupan y es el mejor método en caso de muchos cambios en los datos. El inconveniente es que en caso de desastre se necesita partir de la última copia total y se precisan todas las copias incrementales posteriores a esa copia total. El proceso de restauración es más complejo y lento. Es recomendable realizar copias totales más a menudo para evitar tener que mantener y depender de demasiadas copias incrementales.

Atendiendo al espacio necesario y la cantidad de datos a copiar se puede estudiar el tipo de copia más adecuado según esta tabla:

Tipo de copia	Espacio necesario	Cantidad de datos a copiar
Total	Mucho espacio	Pocos datos
Incremental	Poco espacio	Muchos datos que cambian continuamente
Diferencial	Intermedio	Datos que no cambian mucho, se pueden considerar menos de 4 GB

En las empresas grandes los sistemas de copia de seguridad están planificados y automatizados. Normalmente se utilizan sistemas mixtos para mejorar la optimización de recursos.

5.2. Establecer el tamaño de las copias en función del tiempo acorde con la política de copias a utilizar

Realizar siempre copias totales es la opción más lenta, aunque también es la más fácil y más rápida de restaurar ante problemas.

Partir de una copia total y realizar copias diferenciales es una opción que lleva menos tiempo que las copias totales, pero más que las copias incrementales. Su ventaja es que la restauración ante fallos es fácil y rápida, solo es necesaria la última copia diferencial.

El uso de copias incrementales es la opción más rápida a la hora de realizar las copias, pero por el contrario es la opción más lenta y complicada cuando hay que restaurarlas porque hay que trabajar con todas las copias incrementales posteriores a la copia total.

La tabla siguiente muestra el tiempo necesario para realizar y restaurar las copias según el tipo, así como la complejidad de su creación y restauración.

Tipo de copia	Tiempo de copia y restauración	Dificultad de copia y restauración
Total	Muy lento	Restauración muy simple
Total + Incremental	Rápido	Complicada
Total + Diferencial	Lento	Restauración sencilla

Utilizar soluciones mixtas alternando copias completas, incrementales y diferenciales permite ajustar los tiempos a las necesidades de la empresa. Otra opción es utilizar distintos tipos de copias para distintos tipos de datos.

Las variables de tamaño y tiempo en la realización de copias de seguridad se deben ajustar a las necesidades y políticas de la empresa. Además de los distintos tipos de copia otra opción que se puede considerar es la de la compresión de los datos. Cuando se realizan copias de seguridad, independientemente del tipo, se pueden comprimir los datos ofreciendo algunas ventajas:

- Tamaño de la copia menor. Los datos quedan reducidos y ocupan mucho menos espacio que los datos originales, ahorrando espacio de almacenamiento.
- Copia que se realiza más rápidamente. Porque los datos están comprimidos en un único archivo y esto hace que los datos se transmitan en menos tiempo al dispositivo donde se guardan las copias.
- Al realizar la compresión se garantiza la integridad de los datos. Los algoritmos de compresión añaden códigos de redundancia que ofrecen mayor seguridad a la hora de recuperar los datos.

Para realizar la compresión se necesita invertir tiempo y capacidad de procesamiento del ordenador. Pero este tiempo puede ser compensado por el menor tiempo que se tardará en copiar los datos al dispositivo de destino. La mayoría de programas *software* para copias de seguridad incluyen la opción de permitir varios modos de compresión. De esta forma cuanto más se compriman los datos, menos espacio ocuparán, pero el proceso de compresión y descompresión hace que la realización y restauración de las copias sea más lento. En el otro extremo si se elige un modo que comprima poco o nada, los datos ocuparán más espacio, pero el proceso de realización y restauración será más rápido y se necesitará menos capacidad de proceso.

 Aplicación práctica

Una empresa dedicada a la creación de contenidos multimedia maneja gran cantidad de información. La mayor parte de los datos son archivos de videos y fotos de alta resolución que ocupan mucho tamaño. En total dispone actualmente de 10 TB de información multimedia. Pero también dispone de otros archivos de menor tamaño que son los que

Continúa en página siguiente >>

<< Viene de página anterior

utiliza a diario con la contabilidad de la empresa, datos de los clientes, etc. Estos archivos ocupan un total de 900 MB. Los archivos multimedia se utilizarán de forma puntual y aunque hay que asegurarlos, en caso de desastre la velocidad de recuperación no es crítica. Por el contrario, los otros archivos de trabajo diario sí son necesarios recuperarlos lo antes posible para poder continuar con el negocio de forma inmediata en caso de desastre. La cantidad de archivos multimedia generado diariamente es de una media de 20 GB. En cambio los archivos de trabajo apenas varían en unos 30 MB diarios.

La empresa le pide ayuda para saber qué método utilizar para realizar las copias de seguridad dándole prioridad a que el tiempo de restauración de los datos de uso diario sea lo más rápido posible.

SOLUCIÓN

En este caso se puede clasificar la información en dos grupos. Por un lado están los datos de trabajo diario de la empresa que son críticos y necesitan una rápida respuesta ante fallos. Por otro lado una gran cantidad de datos también importantes pero que no necesitan ser restaurados de forma inmediata. Se puede proponer realizar copias de seguridad por separado para cada grupo de datos.

Para los datos multimedia sería recomendable usar copias totales espaciadas en el tiempo y entre ellas realizar copias incrementales que son las que ocupan menos espacio y se realizan más rápidamente. La restauración será más lenta, pero en este caso no es importante y permitiría ahorrar en tiempo y costes de almacenamiento.

Para los datos de uso diario al ser poca cantidad y con pocos cambios se puede recurrir a copias totales periódicas y entre ellas realizar copias diferenciales diarias. De esta forma la restauración será muy sencilla y rápida al necesitar únicamente la copia total y la última diferencial. Se pueden incluso eliminar las copias diferenciales excepto la última si se necesita ahorrar espacio.

En este caso como la cantidad de datos de trabajo es tan poca y con tan poca variación se podría incluso recurrir a realizar copias de seguridad completas todos los días, con lo que el proceso de restauración será incluso más rápido y sencillo al tener que restaurar únicamente la última copia total.

6. Establecer la política de copias de la organización

Las políticas de seguridad de una empresa describen los pasos prioritarios que una empresa debe implementar para protegerse ante imprevistos. Uno de los puntos principales es la protección de los datos mediante las copias de seguridad. Las políticas de copias establecen unas directrices que indican la forma de actuar con las copias. En la política de copias se definen todos los aspectos relacionados con las copias de seguridad. Algunos aspectos son: qué archivos se deben incluir en la copia, cada cuánto se deben hacer, cuánto tiempo hay que mantenerlas, en qué emplazamiento se guardarán y cuál es el tiempo aceptable en el que se recuperarán en caso de necesidad.

 Sabía que...

A los lugares donde se ubican las copias de seguridad se les llama centros de respaldo.

Para establecer una política de copias eficiente y adaptada a las necesidades de la empresa es útil tener en cuenta los siguientes aspectos:

- Analizar qué es lo que se debe copiar, indicando los archivos o carpetas que son imprescindibles.
- Conocer el volumen de datos a copiar y la frecuencia con la que cambian.
- Conocer o estimar el tiempo que se debe invertir en realizar y restaurar las copias.
- Valorar los costes de las posibles pérdidas de datos.
- Establecer cada cuanto tiempo se realizarán las copias. No es lo mismo entornos donde hay muchas y constantes modificaciones que otros donde apenas hay cambios.
- Elección de las herramientas y soportes para las copias.
- Tipos de copia que se utilizarán, total, incremental, diferencial o combinaciones de estos.
- Establecer la ubicación donde se almacenarán las copias.

- Definir las personas encargadas de realizar las copias, verificarlas y restaurarlas, y determinar sus responsabilidades.
- Automatizar las tareas de copia siempre que sea posible.

6.1. Definir el plan de copias indicando cada tipo de copia a realizar, la hora de programación, la ventana de copia, el periodo de retención

Un plan de copias de una empresa es un proceso muy estandarizado, aunque con las peculiaridades propias para adaptarse a las necesidades de cada empresa. En los planes de copia se tienen que definir los tipos de copia a realizar para cada tipo de datos, la periodicidad con la que se llevarán a cabo, la ubicación y los soportes que se utilizarán.

Es una buena práctica automatizar las tareas de copias de seguridad. Por una parte se ahorra tiempo del personal, y por otro esto permite realizar las copias a horas en las que no hay nadie trabajando con los equipos o durante periodos que la carga de trabajo es menor. Seleccionar un horario para que se realice una copia de seguridad aumenta la optimización de los recursos y su efectividad. Además en muchos casos para poder hacer la copia los archivos deben estar cerrados sin usarse. La ventana de copia es un periodo de tiempo durante el cual la copia puede realizarse sin problemas. Este periodo suele ser por la noche cuando no se está en horario laboral y se pueden detener los servidores.

 Sabía que...

Las copias totales normalmente se programan para los fines de semana, porque los días laborables podría no haber suficiente tiempo para realizarla en la ventana de copia.

El correcto manejo de la información es indispensable para cualquier empresa. Algunos documentos deben retenerse durante periodos establecidos por ley. Pero por otro lado, los documentos que se han quedado obsoletos y ya no son necesarios deben ser eliminados periódicamente. Retener datos innecesariamente es costoso y es una carga para el sistema que se vuelve más ineficiente. Además puede suponer riesgos legales para la empresa. Las empresas diseñan políticas para identificar y establecer plazos durante los cuales se conservará cierto tipo de información. De la misma forma se define el tiempo de eliminación periódica de la información que ya no es útil.

Un modelo general utilizado para clasificar la información de una empresa puede ser separar los datos en estas cuatro categorías:

- Datos que hay que retener durante un tiempo estipulado por ley.
- Información necesaria para el mantenimiento y funcionamiento del negocio.
- Datos circunstanciales que no forman parte del negocio pero pueden afectarle.
- Datos personales que no están relacionados de ninguna manera con la empresa.

 Sabía que...

Realizar cambios importantes en un sistema de copias de seguridad puede ser complicado, por lo que es importante realizar un buen estudio previo para elegir la mejor opción.

Además del correcto etiquetado de los soportes, también se debe llevar un registro exhaustivo de la realización de las copias. Para eso se debe disponer de un documento donde aparezca al menos la siguiente información:

- Identificador de la copia. Este coincide con el identificador de la etiqueta del soporte utilizado.
- Tipo de soporte utilizado para la copia.
- Fecha y hora de realización.

- Datos copiados. Deben estar escritos de forma cifrada con nomenclatura propia de la empresa.
- Ubicación donde se guardará la copia.
- Persona que realiza la copia.

 Consejo

Para realizar la copia de seguridad no se debe utilizar el mismo soporte dos días seguidos, porque si se produce algún fallo durante el proceso se podrían perder los datos originales y la copia.

El objetivo de la rotación de medios es disponer de redundancia de los datos que permita recuperar información más antigua que la de la última copia, y la reutilización de los soportes de copia.

Existen varios esquemas de rotación de medios, pero uno de los más utilizados es el llamado abuelo-padre-hijo. Ofrece una buena protección con un número razonable de medios de almacenamiento y es sencillo. El abuelo representa una copia completa mensual, y se suele guardar durante un año. El padre representa una copia completa que se hace cada semana y se guarda durante un mes. Y el hijo son las copias diarias que pueden ser de cualquier tipo (totales, incrementales o diferenciales) y se guardan durante una semana.

Los medios donde se guardan las copias deben ser correctamente etiquetados. Una forma de hacerlo es marcando las copias anuales con su año (AÑO_2023, AÑO_2024, etc.), poniendo el nombre del mes para las copias mensuales (Ene, Feb, Mar, etc.), el número de la semana para las copias semanales (Sem_1, Sem_2, etc.) y el nombre del día para las copias diarias (L, M, X, J, V, S, D).

 **Recuerde**

Modificar el número de medios de almacenamiento, el calendario y los horarios de copia permite crear planes de copias personalizados a las necesidades de la empresa.

Este sistema de rotación cuenta con muchas variantes dependiendo de cuantas copias se quieran retener. En general se puede decir que se necesitarían entre ocho y veintidós discos o cintas donde guardar las copias para una empresa con una semana laboral de cinco días y que quiera conservar los datos entre un mes y un año. Si se quieren conservar los datos indefinidamente se sacan las copias anuales del ciclo y se archivan en lugar de reutilizarlas.

A veces puede pasar que por la infección de un virus o fallos en el sistema un archivo se corrompa y no se aprecie este hecho hasta más adelante. Si esto ocurre los datos dañados sobrescriben los datos buenos al realizar una copia de datos antes de que se manifieste el problema. De esta forma, tanto los datos originales como las copias estarían dañados. Para evitar este tipo de problemas es necesario utilizar un sistema de rotación de medios para disponer de copias anteriores con tiempo suficiente entre esta y la copia más reciente.

Es necesario garantizar la disponibilidad de los datos en caso de que se produzca un desastre en las instalaciones de la empresa. Por esto se recomienda distribuir copias de seguridad en distintas ubicaciones o incluso mantener duplicados de las copias de seguridad en alojamientos remotos. Algo distinto es el llamado *archiving*. Este consiste en enviar los datos antiguos a otra ubicación fuera de la empresa. No se trata de enviar una copia de los datos, sino los originales, que por su antigüedad ya no interesa proteger pero que no se quieren eliminar de forma definitiva.

Aplicación práctica

Una empresa con horario laboral de lunes a viernes quiere realizar y mantener copias de seguridad diarias de sus datos. Para mayor seguridad se quiere utilizar algún método de rotación de medios para conservar un historial con los datos del último año y poder recuperarlos en caso de ser necesario. Por el tamaño de los datos a mantener se utilizan cintas magnéticas no habiendo problemas con el tamaño.

Realice la planificación indicando el número de cintas necesarias y la forma de utilizarlas.

SOLUCIÓN

Se puede utilizar el método de rotación abuelo-padre-hijo. Se realizarán copias diarias incrementales, y se dejará la copia total para los fines de semana. De esta forma se necesitará una cinta para cada día (de lunes a jueves), una cinta para cada semana del mes que se usará los viernes, y una cinta para cada mes que se usará el primer viernes de cada mes. Las cintas necesarias son:

Cuatro cintas para realizar copias incrementales de lunes a jueves que se sobrescribirán cada semana. Se las nombrará como L, M, X, J.

Cuatro cintas para realizar copias completas los viernes de cada semana. Estas cintas rotan todos los meses para volver a reutilizarlas. La copia del primer viernes se nombrará como copia mensual. A partir del segundo viernes se nombrarán como V_2, V_3, V_4, V_5. La cinta V_5 puede que no se utilice todos los meses ya que algún mes solo tendrá cuatro viernes.

Doce cintas para realizar copias completas mensuales. Se realizarán los primeros viernes de cada mes. Las cintas rotan todos los años, y se nombrarán como AÑO1, FEB, MAR, ABR, MAY, JUN, JUL, AGO, SEP, OCT, NOV, DIC. No hay cinta para el mes de enero porque la copia del primer viernes de enero se nombrará como la copia anual AÑO_1.

De esta forma la planificación quedaría de la siguiente manera:

- Lunes 21:00: copia incremental en la cinta L.
- Martes 21:00: copia incremental en la cinta M.
- Miércoles 21:00: copia incremental en la cinta X.
- Jueves 21:00: copia incremental en la cinta J.
- Primer viernes del año 21:00: copia total en la cinta del año.

Continúa en página siguiente >>

<< Viene de página anterior

▌ Primer viernes del mes 21:00: copia total en la cinta del mes.

▌ Resto de viernes a las 21:00: copia total en las cintas "V_n".

Si se desea conservar los datos hasta un año atrás se puede reutilizar la cinta del año. Si se quieren conservar los datos indefinidamente, lo que se hace es introducir una nueva cinta para el nuevo año y conservar la cinta abuelo del año para no volver a reutilizarla.

6.2. Revisar la adecuación de la política de copias a las normas de la organización, así como a la legalidad vigente

En el caso ideal se realizarían copias completas a diarias, con un tiempo alto de retención de los datos y con un lugar en la empresa para guardar las copias y poder restaurarlas rápidamente, así como otra ubicación externa para garantizar una mayor protección. Este caso ideal está reñido con la eficiencia del sistema y los costes debidos a los soportes de almacenamiento, lugares físicos donde almacenarlos o sistemas para gestionarlos. En una empresa hay unos presupuestos que cumplir y es necesario priorizar los datos más críticos para conseguir un equilibrio de funcionamiento deseado y costes.

Cada empresa tiene sus propias necesidades que tienen que ajustar a sus propias normas y la legislación vigente. Es importante recordar que las copias de los datos están sujetas a las mismas obligaciones que los datos originales. Es decir, que si los datos de la copia contienen información personal o información restringida están sujetos a las mismas restricciones impuestas por las normas de la empresa y las leyes en cuanto a su protección, acceso a la información y distribución.

Recuerde

Un administrador de sistemas lo primero que tiene que hacer para diseñar un plan de copias de seguridad es planificar los pasos a seguir para cumplir las normas de la empresa en materia de seguridad.

A veces, dependiendo del tipo de empresa y tipos de datos que maneje, es necesario mostrar avisos legales con la política de la empresa en relación a cómo tratará los datos de los usuarios y su política de privacidad. También es recomendable informar sobre las condiciones de uso de los servicios ofrecidos por la empresa. Para poder aplicar correctamente las leyes a la hora de elaborar el plan de copias es necesario conocerlas. La legislación aplicable en materia de tratamiento de datos que hay que tener en cuenta para establecer la política de copias es:

- Legislación vigente en materia de protección de datos de carácter personal.
- Legislación vigente en materia de comercio electrónico.
- Legislación vigente en materia de protección de la propiedad intelectual.

7. Proponer los dispositivos de copia y soportes más adecuados en base a las necesidades de la organización

Se debe buscar una solución ante la creciente necesidad de almacenamiento y la necesidad de cumplir con los requisitos de fiabilidad y seguridad actuales. Existen diferentes dispositivos *hardware* y soportes de almacenamiento por los que se puede optar para realizar las copias de seguridad y proteger los datos. Estas soluciones deben adaptarse a las necesidades específicas y al presupuesto disponible. Cada opción tendrá diferentes costes económicos, así como ventajas e inconvenientes.

Nota

Es más seguro mantener las copias en soportes distintos de donde se encuentran los datos originales porque muchos desastres pueden afectar a un tipo de soporte y no a otro.

7.1. Conocer las distintas alternativas posibles para los dispositivos de copia

El resguardo de los datos permite tener garantías de que si se pierden los datos originales se dispone de una copia. Las copias se deben realizar en soportes de almacenamiento seguros y fiables. Los distintos soportes se pueden agrupar según la tecnología utilizada en:

- **Sistemas magnéticos.** Pertenecen a esta categoría los discos magnéticos tradicionales. También son de este tipo las cintas magnéticas que se siguen utilizando para realizar copias de seguridad y los disquetes ya en desuso.
- **Sistemas ópticos.** Son de este tipo los discos CD, DVD y los *Blu-Ray* de mayor capacidad.
- **Sistemas de memoria de estado sólido.** Son las tarjetas de memoria en todas sus variedades y los *pendrive.* También han aparecido discos duros que hacen uso de esta tecnología.

Discos duros magnéticos

Los discos duros magnéticos se pueden encontrar en cualquier ordenador convencional. El uso fundamental de un disco duro es alojar el sistema operativo, las aplicaciones y los datos. Pero además se pueden utilizar para realizar copias de seguridad.

Dependiendo del tipo de disco, de la capacidad, del tipo de conexión y velocidad el precio es muy diferente. Se pueden clasificar por su tamaño en discos de 2'5 pulgadas, que se utilizan en ordenadores portátiles, o de 3'5 utilizados en equipos de sobremesa. Por tipos de conexión se pueden encontrar IDE *(Integrated Disc Electronics)*, SATA *(Serial Advanced Technology Attachment)* y SCSI *(Small Computer System Interface).* Los más utilizados actualmente por sus prestaciones y relación calidad precio son los discos con conexión SATA. La capacidad de almacenamiento de los discos duros es grande y actualmente llega a varios Terabytes. En empresas con grandes necesidades de almacenamiento se pueden conectar varios discos combinándose y ampliando su capacidad total.

Disco duro (© Fotografía: Evan-Amos, vía web-CC BY-SA 3.0)

 **Recuerde**

Los discos duros actuales cuentan con capacidad para varios Terabytes de información.

Dependiendo de la ubicación donde se encuentren los discos duros pueden ser:

- **Discos internos.** Si se encuentran instalados de forma permanente dentro de la caja del ordenador.
- **Discos duros externos.** Son una opción para pequeñas y medianas empresas que no manejan mucha cantidad de datos. Permiten la conexión

al ordenador a través de un puerto USB, *Firewire* o los nuevos eSATA y facilitan su transporte y almacenaje en cualquier lugar. Algunos incluyen la posibilidad de cifrar la información añadiendo una mayor seguridad.

- **Discos duros extraíbles.** Se montan dentro de una caja que a su vez se conecta en una bahía frontal de la caja del ordenador. De esta forma el disco puede ser conectado a la torre del ordenador y retirado fácilmente desde el frontal. La mayoría incluye una cerradura para evitar la retirada no autorizada.

- **Discos duros NAS** *(Network Attached Storage).* Estos son dispositivos de almacenamiento en red. Estos discos están conectados a la red y varios ordenadores pueden acceder a ellos para almacenar o recuperar datos.

Cintas magnéticas

Las cintas son uno de los soportes más antiguos que aún siguen en uso. Existen en el mercado diferentes formatos de cinta con distintas capacidades. Es uno de los sistemas más utilizados por empresas con necesidad de almacenar mucha cantidad de datos por su bajo coste en relación a su capacidad de almacenamiento y fiabilidad. Se utilizan tanto para guardar copias de seguridad como para almacenar datos que serán archivados.

Las cintas son un soporte lento para acceder a los datos, pues es un sistema secuencial y hay que recorrer toda la cinta desde el principio hasta encontrar el dato buscado. Para la administración y gestión del dispositivo lector/grabador, así como de las cintas, se necesita una aplicación que facilite la gestión y restauración. Esta aplicación puede ser propia del sistema operativo utilizado o una aplicación independiente.

Cinta magnética de almacenamiento de datos

 **Nota**

Existen diferentes modelos de cinta, y cada modelo necesita un lector compatible para poder usarse.

Las cintas de audio digital (DAT) se usaban originalmente para la grabación de audio digital, pero actualmente su uso principal es para almacenar datos y realizar copias de seguridad. Tienen una capacidad de 80 GB, aunque usando sistemas de compresión por *hardware* se pueden encontrar de 160 y 320 GB. El formato DDS/DAT es el tipo de almacenamiento en cinta más utilizado. El formato DAT 320 permite almacenar 320 GB en una sola cinta y tiene una velocidad de 12 MB/s. Es un soporte resistente y ligero que se combina con una gran capacidad y rendimiento.

 Sabía que...

El almacenamiento en cinta sigue siendo muy utilizado como soporte principal para copias de seguridad en muchas empresas.

Los cartuchos LTO disponen de capacidades que van desde los 200 GB de los LTO-1 hasta los 45 TB de los LTO-9. Este soporte ha mejorado en velocidad y capacidad, llegando a los 1.000 MB/s y a capacidades nativas de 18 TB. Su capacidad nativa puede ser superior a 45 TB, utilizando compresión por *hardware*, aunque la efectividad de esta compresión siempre dependerá del tipo de datos guardados. Tienen velocidades de transferencia de hasta 1.000 MB/s para los LTO-9. Se dispone de los siguientes modelos: LTO-1 (200 GB), LTO-2 (400 GB), LTO-3 (800 GB), LTO-4 (1,6 TB), LTO-5 (3 TB), LTO-6 (6,25 TB), LTO-7 (15 TB), LTO-8 (30 TB), LTO-9 (45 TB).

La generación LTO-3 hace posible la creación de archivos a prueba de manipulaciones. A partir de la generación LTO-4 se añade un mayor nivel de seguridad de los datos al incluir el cifrado AES-256 para impedir el acceso no autorizado a la información. A partir de LTO-5 se mejora la facilidad de uso, haciendo que las cintas sean más flexibles y portátiles.

La vida de estas cintas es de unos 30 años y son soportes robustos y fiables. Este tipo de soportes son apropiados para grandes volúmenes de datos. Se pueden utilizar en máquinas automatizadas que permiten el cambio automático de cintas. Algunas de estas máquinas disponen de lector de código de barras para organizar y gestionar las cintas y reducir la necesidad de intervención humana.

Biblioteca robótica de cintas
(© Fotografía: Splat215, vía web-CC BY-SA 2.5)

Sabía que...

El uso de librerías robóticas para cintas permite el cambio automático de medios y reduce la necesidad de intervención humana.

Discos CD y DVD

Los dispositivos de copia para CD y DVD son muy económicos, así como los consumibles. Utilizan tecnología óptica. No pueden almacenar gran cantidad de datos, solo 700 MB los CD y 4,7 GB u 8,5 GB los DVD.

Recuerde

No se debe confiar exclusivamente en un único método de guardar los datos.

A nivel de empresas grandes no suele ser una opción por su escasa capacidad, pero son una opción muy buena a nivel doméstico para usuarios particulares o pequeñas empresas. Existen opciones grabables, con las que la copia quedará grabada permanentemente y el disco no se podrá reutilizar, y regrabables que permite volver a usar el mismo disco varias veces. Los discos regrabables tienen un número de grabaciones muy limitado y después de varias escrituras suelen fallar.

Discos Blu-Ray

Los *Blu-Ray* utilizan tecnología óptica igual que los CD y DVD y los discos tienen el mismo tamaño. Permiten guardar más cantidad de datos, hasta 25 GB por capa, y existen discos de varias capas. Pero las unidades de grabación y los soportes para las copias son mucho más caros que las unidades DVD.

Discos ópticos

Sabía que...

El sistema *Blu-Ray* tiene ese nombre porque utiliza una tecnología de láser azul mucho más precisa que la del DVD, lo que le permite tener mayor capacidad.

La forma de ordenar los soportes y su etiquetado debe hacerse minuciosamente por la gran cantidad de discos que se generan. Si no se guardan y etiquetan correctamente supondrá un problema a la hora de encontrar la información necesaria.

Los discos ópticos pueden degradarse con el tiempo y ser ilegibles. Las probabilidades de que esto ocurra aumentan si los discos son de baja calidad y se almacenan en sitios húmedos.

Memorias flash

Son sistemas de almacenamiento sólido. Existe una gran variedad de memorias *flash,* como *pendrives,* tarjetas SD, MicroSD, *compact flash,* etc. Estos tipos de memorias son utilizadas normalmente para transportar datos de un dispositivo a otro. Se suelen utilizar en dispositivos electrónicos como cámaras de foto y teléfonos móviles.

Recuerde

Si se utilizan tarjetas flash en algunos dispositivos de trabajo también hay que prestarles atención para realizar las convenientes copias de seguridad.

Estos dispositivos destacan por su bajo consumo, rapidez de lectura y escritura y su reducido tamaño y peso. Otras de sus ventajas son su funcionamiento silencioso y la resistencia a golpes, por lo que pueden ser utilizados en movimiento sin problemas.

Nada impide que se utilicen como sistemas de almacenamiento externo para realizar copias de seguridad aunque no es lo más común. Tampoco es recomendable porque por su pequeño tamaño son fáciles de perder y difíciles de etiquetar. Además suelen fallar con el tiempo si están sometidos a un uso intensivo.

La capacidad de estas memorias aumenta año tras año a la vez que se reduce su precio. Por su comodidad y precio han sustituido a los disquetes e incluso a las unidades de CD y DVD.

Nota

Si se utilizan tarjetas de memoria será necesario disponer de un lector de tarjetas adecuado en el ordenador.

Discos de almacenamiento sólido

Son discos que usan la misma tecnología utilizada en las tarjetas de memoria *flash* y *pendrives*. Últimamente los discos duros de estado sólido SSD *(Solid State Disk)* se están consolidando como una alternativa a los discos duros magnéticos tradicionales.

Los más actuales discos SSD son los más rápidos y los que menos consumen, esto hace que sean los más caros. También son más ligeros y resistentes al no contener partes móviles.

Sabía que...

Los discos duros SSD actuales tienen un número limitado de escrituras que es muy inferior al de los discos duros tradicionales. Esto junto con su alto precio hace que por el momento no sean apropiados para almacenar copias de seguridad.

Los dispositivos de estado sólido no ofrecen capacidades de almacenamiento tan grandes como las unidades magnéticas y su precio es más elevado. Por ahora se utilizan sobre todo para instalar el sistema operativo y las aplicaciones, permitiendo un arranque y funcionamiento más rápido del ordenador. Para la copia de datos se sigue prefiriendo usar los discos magnéticos, aunque en pocos años esto podría cambiar.

Copias de seguridad en la nube

Existen muchísimas empresas que ofrecen servicios de almacenamiento *online* y están tomando mucha relevancia por la mejora en las velocidades de internet, sobre todo en la velocidad de subida. De esta forma se pueden subir archivos a internet y disponer de ellos desde cualquier lugar con conexión a internet. En caso de producirse un desastre natural los archivos estarán a salvo en otro lugar.

Su ventaja principal es la externalización de la información sacando los soportes fuera de las instalaciones de la empresa, lo que supone una seguridad ante un desastre importante. Otra de sus ventajas es la reducción de costes en infraestructuras, disminuyendo los costes de *hardware, software,* recursos técnicos y dispositivos de almacenamiento.

Entre los inconvenientes está la necesidad de contar con un buen ancho de banda y los problemas de seguridad. Muchas empresas desconfían de almacenar sus datos en internet donde pueden existir vulnerabilidades de la privacidad por parte de *hackers,* los proveedores del servicio e incluso de gobiernos.

Las copias en la nube son una opción muy buena para realizar copias de seguridad de dispositivos móviles y oficinas remotas de trabajadores que no se encuentran en las instalaciones principales de la empresa. De esta forma se elimina la necesidad de tener una infraestructura de copias de seguridad remotas desde la sede central.

 Definición

Oficina remota
Se llama oficina remota a un lugar de trabajo fuera de la oficina, o fuera de la sede central de una empresa.

7.2. Razonar la mejor adecuación de cada alternativa a las necesidades de la organización

El soporte de almacenamiento a utilizar va a depender mucho de las necesidades de cada empresa. Para decidir entre un tipo de soporte u otro hay que tener en cuenta muchos factores como: la cantidad de datos a almacenar, durante cuánto tiempo se quieren mantener, el espacio disponible para almacenar los soportes, los recursos económicos de la empresa o el ancho de banda disponible.

Los dispositivos utilizados con más frecuencia para realizar copias de seguridad son:

- Los discos CD y DVD para casos donde no existe la necesidad de almacenar muchos datos. Si es suficiente con la capacidad de un DVD suele ser una buena opción. Los *Blu-Ray* son una opción cara y no se suelen usar para copias de seguridad.
- Los discos duros magnéticos por su precio, rapidez y capacidad moderada son una opción muy común. Además ofrecen muchas posibilidades al permitir trabajar con un disco duro en red o un disco duro externo que puede transportarse con facilidad.
- Las cintas magnéticas son la solución para empresas que trabajan con una cantidad de datos muy grande, aunque su problema es que son lentas.
- Las copias en la nube son una opción muy buena pero están limitadas por la velocidad de subida de la línea de internet de la empresa, y tienen el riesgo de que se están confiando los datos de la empresa a otra.

 Recuerde

En caso de una emergencia o desastre con los datos la recuperación de la información dependerá de la empresa que proporciona el servicio de copias en la nube.

Las distintas opciones para realizar las copias de seguridad tienen sus ventajas e inconvenientes. El utilizar varias de estas opciones permite ajustar la solución deseada a las necesidades particulares de una empresa. De esta forma se pueden aplicar soluciones mixtas.

Soluciones disco a disco a cinta (D2D2T)

Las soluciones D2D2T *(Disk to Disk to Tape)* son soluciones disco a disco a cinta. Primero se realiza una copia de seguridad a un segundo disco de cualquier tipo, externo, NAS, etc. Cuando esta copia está completa se realiza otra desde el segundo disco a una cinta. La copia de disco a disco es rápida y la copia del disco a la cinta es más lenta. La ventaja es que mientras se copia a la cinta el disco original está funcionando, no necesita ser parado y no se ralentiza por la realización de la copia a la cinta.

Las copias a disco son mucho más rápidas que las copias a cinta. Sin embargo, las cintas son más económicas para almacenar datos, sobre todo si son para archivarlos durante grandes periodos de tiempo. La solución D2D2T proporciona las ventajas de ambas opciones.

Recuerde

Con la copia de disco a disco se minimiza el tiempo que se tarda en realizar la copia de seguridad. La copia del disco a cinta es más lenta pero se minimiza el coste de almacenamiento porque el disco se reutiliza y las cintas son más baratas.

Solución de backup disco a disco a nube (D2D2C)

Con la aparición de los servicios de almacenamiento en la nube, D2D2C *(Disk to disk to cloud),* aparecen nuevas ventajas frente a las copias D2D2T. Las principales ventajas son disponer de los datos en un alojamiento externo, se elimina la necesidad de transportar los discos, su cifrado y control de seguridad.

El coste de los servicios en la nube es variado y hay que prestar atención a que cumplan los requisitos que se necesitan para ajustar el presupuesto a las necesidades de la empresa.

Recuerde

Las copias de seguridad en la nube tienen muchas ventajas, pero no están exentas de algunos inconvenientes.

Actividades

8. Diseñe una hoja de registro para llevar el control de las copias de seguridad realizadas.
9. Señale de qué tipos de soporte de almacenamiento dispone en su oficina o en casa.
10. Indique qué suele guardar en cada tipo de soporte de almacenamiento.
11. Realice una comparativa de soportes comparando precio y capacidad. ¿Qué soporte es el que tiene actualmente un menor coste por megabyte?

8. Realizar las copias de seguridad según los procedimientos y políticas vigentes en la organización

La mayoría de las veces, las pérdidas de información se limitan a un solo disco o servidor. Un desastre de gran magnitud que suponga la pérdida de todos los datos, como un incendio, inundación o robo es más improbable, pero aun así hay que estar prevenidos. Para disponer de una protección completa una empresa necesita como mínimo:

- Una copia local de los datos para la recuperación rápida de un disco o servidor.
- Una copia de los datos situada fuera de las instalaciones para protegerse de desastres de gran magnitud.

Recuerde

Lo más seguro es contar con al menos dos copias de seguridad de los datos importantes.

Si solo se dispone de una copia de seguridad de la información importante esta se debe almacenar en una ubicación distinta a donde se encuentren los datos originales. Si se dispone de una segunda copia de seguridad puede ser conveniente guardarla en un sitio próximo a donde se encuentran los datos originales para una rápida sustitución en caso de avería.

Ejemplo

Una empresa realiza copias de seguridad de sus datos a diario y guarda la copia junto a los datos originales. Un día hay un incendio en el edificio de la empresa y se queman todos los equipos.

El incendio destruye los datos originales y las copias por estar situadas en la misma ubicación. La empresa debe invertir mucho tiempo y dinero en reanudar su actividad normal. Mientras que las pérdidas de equipos y mobiliario son recuperables, la información puede ser irrecuperable.

Al hacer las copias es muy importante realizar un correcto etiquetado de los soportes para conocer el contenido y la fecha en la que se realizaron. Deben ser almacenadas y organizadas de forma estructurada, siguiendo algún criterio. De nada sirve tener un montón de discos, cintas o cualquier otro medio de almacenamiento con un montón de información si no tienen un correcto etiquetado. Si llegado el momento no se conoce el contenido de los discos habrá pocas garantías de recuperar los datos. Los códigos utilizados para la identificación de las copias deben ser conocidos exclusivamente por los técnicos autorizados a trabajar con ellas para evitar que cualquiera pueda saber lo que contienen.

Sabía que...

Un error muy común es el mal etiquetado de las copias de seguridad. Este error, posteriormente, dificulta encontrarlas.

8.1. Implementar y configurar las copias de seguridad

Independientemente de los medios *hardware* utilizados para efectuar las copias de seguridad es necesario utilizar un *software* que se encargue de realizar, configurar y gestionar las copias. Los sistemas operativos suelen incluir alguna aplicación básica de copias de seguridad. También existen soluciones más específicas que pueden ser gratuitas o de pago. Las opciones de pago suelen disponer de una versión de prueba, pero esta versión normalmente es muy reducida y solo permite realizar planes de copia muy básicos.

Algunos programas que se pueden encontrar para la realización de copias de seguridad son:

- **Cobian Backup.** Es un programa gratuito que está disponible solo para *Windows*. Es de los mejores que se pueden encontrar, permite multitud de opciones de configuración, cualquier tipo de copia y copias en local o en remoto.
- **NTBackup.** Es una aplicación para realizar y automatizar copias de seguridad que venía incluida en los sistemas operativos de *Microsoft* hasta *Windows XP* y *Windows Server 2003*.
- **Windows Backup and Restore** que utiliza el programa de línea de comandos *wbadmin*. Sustituye al programa *NTBackup* en los sistemas operativos de *Microsoft* desde *Windows Vista* y *Windows Server 2008*.

- **Time Machine.** Es una aplicación de copias de seguridad desarrollada por *Apple* que viene incluida desde la versión 10.5 del sistema operativo *Mac OS X,* denominada *Leopard.*
- **Symantec Backup Exec.** Este *software* era anteriormente conocido como *Veritas Backup Exec,* pero fue adquirido por *Symantec.* Existen versiones para *Windows, Linux* y *Mac OS,* y aunque tiene una versión de prueba con opciones reducidas, la versión completa es de pago. Permite diseñar planes de copias de seguridad, conectar con distintas soluciones de almacenamiento como discos, bases de datos o almacenamiento en la nube.
- **Duplicati.** Es un programa cuya gran ventaja es que está disponible para *Windows, Linux y MAC OS.* Es gratuito y de código abierto, permite hacer copias de seguridad incrementales, compresión y cifrado.

 Nota

A veces lo importante no es que un programa tenga muchas más opciones que los demás, a veces es mejor disponer de una interfaz sencilla que permita realizar la tarea de copia de forma cómoda y sin errores.

8.2. Programar y ejecutar las copias de seguridad

Aunque cada programa tendrá sus peculiaridades y permitirá más o menos acciones, las opciones básicas suelen ser comunes en todos. Estas opciones suelen estar disponibles en todos los programas de copia:

- Seleccionar el lugar donde se guardará la copia, algunos programas permitirán más opciones que otros. Puede ser en cualquier dispositivo local o en remoto. Muchos programas ya soportan copias en la nube y otros dejan de dar soporte a cintas magnéticas.
- Tipo de copia que se quiere realizar, pudiendo escoger entre total, incremental o diferencial.

- Elementos que se incluirán en la copia, pudiendo seleccionar archivos y carpetas.
- Elementos que se excluirán de la copia por cualquier motivo.
- Ejecución manual o automática. Si se selecciona automática hay que especificar el día y hora a la que debe realizarse, o cada cuanto tiempo se efectuarán.
- Opciones de verificación automática.
- Opciones de restauración.
- Opciones de borrado de copias antiguas.

El programa *Cobian Backup* permite realizar copias de seguridad completas, incrementales y diferenciales, además de programar copias de seguridad automáticas. Al abrir el programa, se puede apreciar una interfaz sencilla que facilita su utilización. Lo primero que hay que hacer es configurar la copia a realizar clicando en **Tarea -> Nueva tarea.**

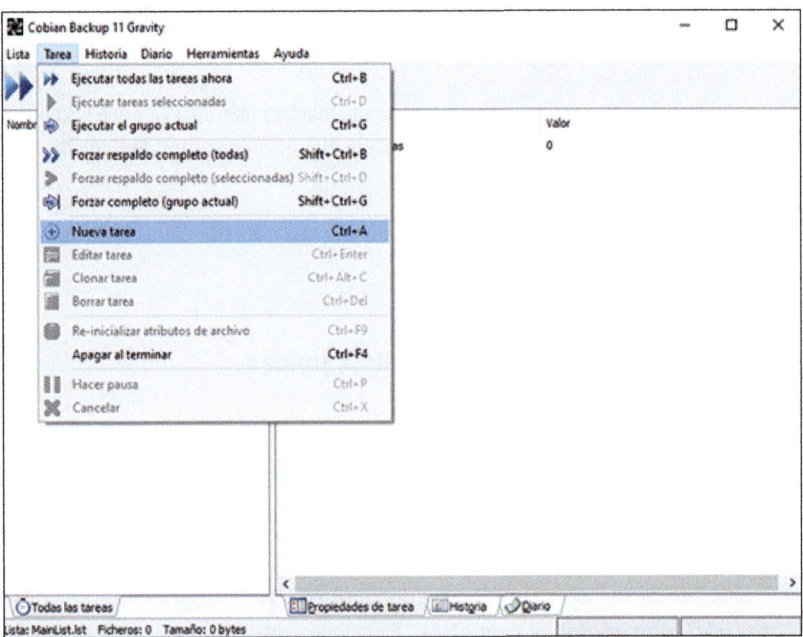

Creación de una nueva tarea en Cobian Backup

Al pulsar en **Nueva tarea,** se abre una nueva ventana con más opciones. La pestaña **Ficheros** es la utilizada para seleccionar la carpeta o archivos a incluir en la copia de seguridad.

En el apartado **Destino** se permite elegir la ubicación en la que se va a almacenar la copia de seguridad creada. Se puede seleccionar una carpeta en el disco duro, una unidad externa o una ubicación de red, entre otras. Lo más recomendable es seleccionar un destino distinto al disco duro principal.

Se pueden arrastrar los archivos/carpetas directamente a este apartado para que se agreguen o buscar los archivos/carpetas a agregar en el explorador pulsando en **Agregar:**

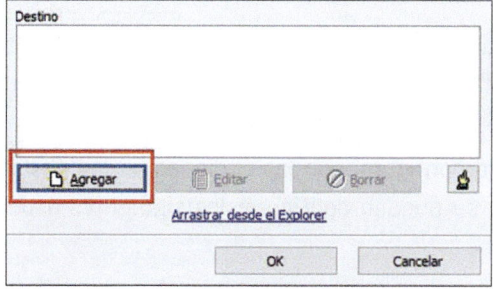

Cómo agregar la ubicación de destino en Cobian Backup

En la pestaña **Horarios** se puede establecer el horario en el que se va a ejecutar la copia de seguridad. Se puede programar para que se realice automáticamente en un momento del día o de la semana.

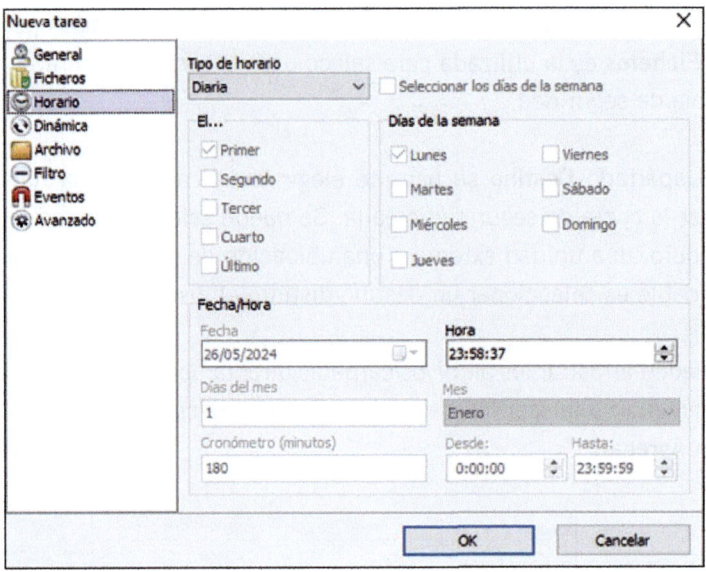

*Pestaña **Horario** en Cobian Backup*

Lo siguiente a configurar son las opciones en las pestañas **Avanzado** y **General,** en la que se pueden configurar los siguientes aspectos de la copia de seguridad:

- Frecuencia de la copia de seguridad (diaria, semanal, etc.).
- Tipo de copia de seguridad: completa, incremental o diferencial.
- Compresión de los archivos.
- Cifrado utilizado para proteger la copia.

En esta ocasión, se ha decidido realizar una copia de seguridad completa. Para ello, se marcaría lo siguiente en la pestaña **General:**

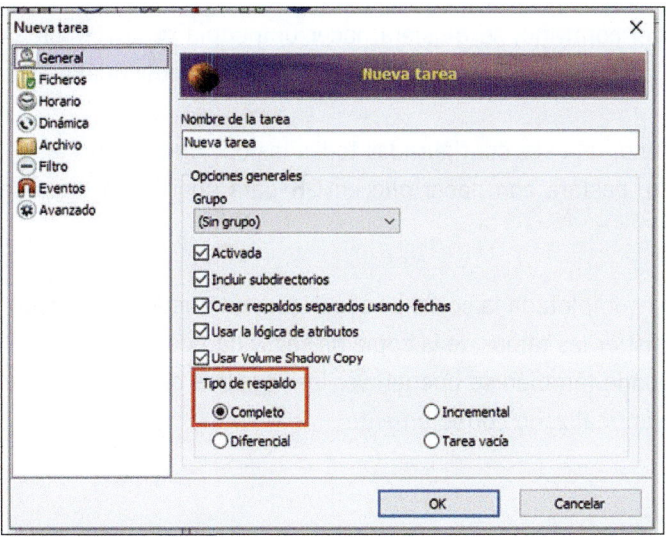

Creación de una copia de seguridad completa en Cobian Backup

Si quisiera guardarse todo en un solo archivo, habría que ir a la pestaña **Archivo** e indicar lo siguiente:

- Tipo de compresión: compresión Zip.
- Opciones de división: sin dividir.

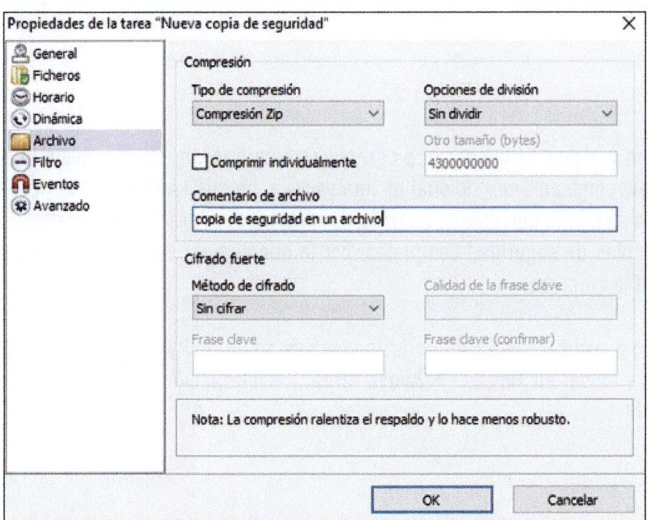

Creación de una copia de seguridad comprimida en un archivo en Cobian Backup

Si, por el contrario, se quisiera hacer una copia de todos los archivos por separado, bastaría con marcar la casilla **Comprimir individualmente.**

Por último, una vez configuradas todas las opciones según las preferencias del usuario, bastará con hacer clic en **OK** para guardar la tarea de copia de seguridad.

Una vez completada la copia de seguridad, se puede monitorizar su progreso y administrar las tareas de la copia de seguridad desde la interfaz de *Cobian Backup,* donde también se pueden ver los registros de actividad para verificar que se hayan realizado correctamente.

Aplicación práctica

Una pequeña empresa con pocos datos, pero importantes, nunca se ha preocupado de la seguridad de la información hasta este momento. Quieren empezar a realizar copias de seguridad y deciden utilizar un programa gratuito. En la empresa cuentan con dos ordenadores, uno con sistema operativo *Windows* y otro con *Linux*. Necesitan programar una copia total de sus datos una vez a la semana.

¿Qué programa les recomendaría y qué pasos daría para programar una copia semanal de todos los datos importantes?

SOLUCIÓN

Una opción gratuita es utilizar el programa *Cobian Backup,* que se puede utilizar tanto en *Windows* como en *Linux,* lo cual es una ventaja, ya que en la empresa tienen equipos con varios sistemas operativos. Se trata de un programa gratuito que, además, permite realizar copias de seguridad completas, por lo que cumple con los requisitos a cumplir que busca la empresa.

Lo primero a realizar sería configurar la copia de seguridad y, para ello, hay que abrir el programa y pulsar en **Tareas → Nueva tarea.** A continuación, los pasos a seguir serían los siguientes:

Continúa en página siguiente >>

<< Viene de página anterior

▌ En la pestaña Ficheros, se añaden las rutas de las carpetas y archivos que quieren incluirse en la copia.

▌ En el apartado Destino, se añade la ruta de destino en la que se va a almacenar la copia de seguridad. Se recomienda que la copia se almacene en un disco distinto al original para una mayor protección de la información.

▌ A continuación, habría que programar los días y las horas en las que se van a realizar las copias en la pestaña Horarios. Teniendo en cuenta que es un ordenador de trabajo y no un servidor que está permanentemente encendido, se decide programar la copia para todos los miércoles a las 11 de la mañana, que es una hora normal de trabajo en la que el ordenador está encendido.

▌ A continuación, en la pestaña General, se decide sobre la compresión de la copia y se activa la opción de copia automática para que las copias se realicen en las fechas programadas.

▌ Por último, se da un nombre a la configuración actual y la copia ya quedaría programada.

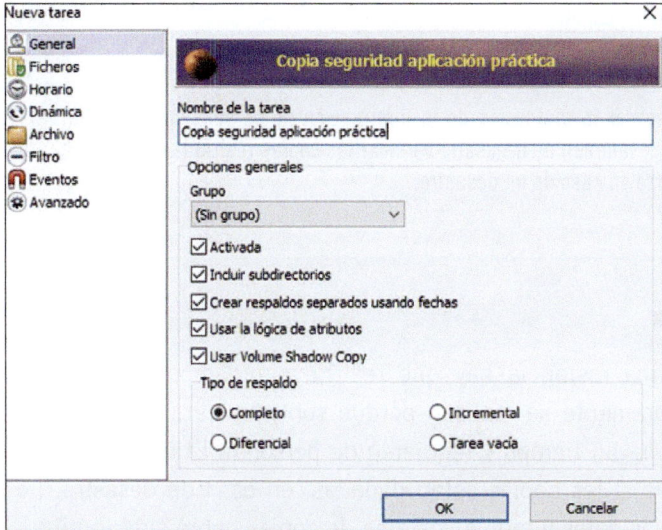

*Creación de una nueva tarea en Cobian Backup. Pestaña **General***

8.3. Verificar las copias de seguridad mediante restauraciones, documentando los tiempos de restauración y el resultado obtenido

Muchas veces ocurre que en el momento de restaurar una copia de seguridad tras un desastre, se descubre que los datos almacenados en la copia no se pueden restaurar. Esto ocurre porque los datos se han dañado en el mismo proceso de la realización de la copia, o durante el proceso de envío si se envía a un almacenamiento en la nube, o incluso por daños causados por el desgaste de los medios de almacenamiento.

Es necesario verificar las copias de seguridad para comprobar que la información puede recuperarse. Los mejores programas de copias de seguridad permiten realizar una autoverificación, no solo en el momento de copiar los datos, sino también a intervalos programables. De esta forma se protegen los datos contra la corrupción en el proceso de copia y también se protegen contra la degradación.

 **Recuerde**

Para asegurar la protección de la información no es suficiente con realizar copias de seguridad, también es necesario verificar las copias realizadas y comprobar que pueden restaurarse en caso de un desastre.

En última instancia hay que realizar simulacros de restauración. Estas pruebas raramente se realizan porque son muy caras, se necesitan recursos *hardware,* llevan tiempo y requieren de personal. El no realizar estas pruebas supone que si las copias están dañadas, en caso de desastre, no se podrán recuperar los datos y todo el sistema de copias habrá sido inútil.

Otra utilidad de realizar los simulacros es comprobar de forma real cuánto tiempo se tarda en restaurar el sistema. Es bueno documentar este dato para tenerlo presente y reflexionar sobre si es un tiempo aceptable para la empresa. En caso necesario se pueden tomar medidas correctoras antes de que ocurra un desastre.

Además de comprobar que el tiempo de recuperación es aceptable hay que verificar que el sistema está funcionando correctamente al completo. A veces pasa que se ha olvidado un pequeño detalle al diseñar el plan de copia y el error no se manifiesta hasta la hora de la verdad. Y en este caso si no se realizan las verificaciones y simulacros pertinentes el descuido puede salir muy caro.

Si se utilizó el programa *Cobian Backup,* para realizar una copia de seguridad, bastaría con dirigirse a la dirección en la que se guardó el archivo comprimido, hacer doble clic sobre él y descomprimirlo.

Al descomprimir, el programa de descompresión solicitará seleccionar la carpeta en la que se restaurarán los archivos, pudiendo elegir su ubicación original o una nueva carpeta.

Pulsando en **OK/Aceptar** ya se iniciará la restauración automáticamente. Una vez restaurados los datos en el nuevo ordenador, se puede acceder a este para comprobar si los archivos están donde se desea y si estos funcionan correctamente.

 Aplicación práctica

Una empresa cuenta con dos ordenadores, uno con sistema operativo *Windows* y otro con *Linux.* El ordenador donde normalmente se trabaja es el que tiene instalado *Windows* y, en él, se realizan copias de seguridad semanales de una carpeta con datos importantes. Se quiere verificar que las copias se están realizando correctamente y le piden que coja la última copia de seguridad del equipo con Windows y la restaure en el equipo con *Linux.*

¿Qué programa utilizaría para ello y cómo debería proceder?

SOLUCIÓN

El programa *Cobian Backup* es multiplataforma y está disponible para *Windows, Linux y Mac OS,* por lo que sería la aplicación más adecuada para hacer la copia de seguridad solicitada.

Para restaurar la copia, lo primero a realizar sería buscarla en la ubicación en la que se guardó al generarla y copiarla al ordenador que tiene *Linux* instalado. Otra opción podría

Continúa en página siguiente >>

<< Viene de página anterior

ser asegurarse que se puede acceder al archivo de la copia desde el ordenador con *Linux* por red o a través de un disco duro externo.

Una vez localizada la copia dentro del dispositivo/ubicación en el que ha sido almacenada, hay que hacer doble clic sobre el archivo que contiene la copia de seguridad para que se abra el programa de descompresión e indicar la ruta en la que se quiere restaurar la información (en el ordenador con *Linux).*

Con los datos en el nuevo ordenador, podría verificarse que la información se ha restaurado correctamente.

 Actividades

---

12. Busque e instale un programa de copias de seguridad. ¿Permite copias totales, incrementales y diferenciales?
13. Con el programa instalado anteriormente programe una copia de seguridad semanal de su carpeta de documentos.

---

9. Gestionar el ciclo de vida de los soportes

Los soportes donde se almacena la información tienen una vida útil limitada. Es necesario gestionar el tiempo y tipo de soporte donde se almacena para evitar pérdidas debidas a la degradación de los soportes. Si no se cuida este detalle se puede producir la desagradable sorpresa de perder los datos cuando se necesiten recuperar.

En primer lugar hay que establecer claramente los requisitos de almacenamiento de los datos y posteriormente hay que buscar las opciones disponibles que se ajusten a las necesidades de la empresa.

Recuerde

Hay que tener en cuenta disponer de lectores adecuados a todos los tipos de soporte donde se tiene información, de otra forma, si se quisieran recuperar los datos de un soporte antiguo y no se dispone del lector adecuado, la restauración sería imposible.

9.1. Salvaguardar los soportes de copia, manteniéndolos en condiciones óptimas para su conservación

La información es el activo más valioso de una empresa, lo que obliga a prestar mucha atención a los sistemas de almacenamiento y conservación. Los datos deben almacenarse siempre de forma segura y protegerse de accesos y manipulaciones no permitidas, así como asegurar su integridad.

La información puede guardarse en distintos soportes de almacenamiento en función de lo crítica y valiosa que sea. No se trata igual la información más valiosa que los datos menos importantes.

Recuerde

Tratar de la misma manera todos los datos es muy caro e innecesario.

Es muy recomendable prestar atención al diseño de un buen sistema de etiquetado que permita ordenar y encontrar rápidamente la información alma-cenada en los soportes. Además va a permitir saber la antigüedad del soporte para controlar su vida útil. Un buen sistema de etiquetado debe incluir, al menos, la siguiente información:

- Un identificador con letras y números que identifique la copia y que debe ser entendible por el personal encargado de su manejo.
- Tipo de copia almacenado, ya sea total, incremental o diferencial.
- Fecha de realización de la copia.
- Contenido de la copia, que debe ser escrito de forma cifrada para que no sea entendible por personas ajenas a la empresa.
- Nombre de la persona que realizó la copia.

 Sabía que...

Cuando se busca una copia de seguridad para su restauración normalmente se busca por su identificador o la fecha de realización, por lo que es muy importante un correcto etiquetado.

Las condiciones de mantenimiento para cada tipo de soporte son diferentes. Van a depender sobre todo de la tecnología que utilizan para su funcionamiento. Los soportes normalmente empleados para las copias de seguridad son soportes ópticos o magnéticos.

En general todos los soportes deben guardarse en ambientes que cumplan unas condiciones específicas para garantizar la conservación de los datos almacenados. Se deben tener en cuenta la temperatura y humedad relativa del lugar donde se guardan. También es importante guardar los soportes en estanterías y armarios adecuados.

Algunas recomendaciones para mantener protegidos los soportes de almacenamiento son:

- Se debe evitar que entre suciedad en los soportes. En los discos a los circuitos que existen alrededor, y en las cintas a la película interior.
- Hay que colocar los soportes en un sitio donde no se puedan golpear accidentalmente. Un golpe en el disco duro puede ser fatal, y si está funcionando las probabilidades de rotura son mayores.

- Hay que evitar colocar los soportes en zonas con acumulación de calor o frío extremo. Tampoco son buenos los cambios de temperatura.
- Conviene tener cuidado con los conductos de aire acondicionado porque podría haber condensación.
- Se debe evitar poner el lugar de almacenamiento cerca de tuberías de agua o alcantarillas.
- Los sótanos tienen riesgo de inundación, especialmente en zonas lluviosas.
- Los armarios ignífugos protegen los dispositivos contra el fuego. También pueden ser cajas fuertes que además protegen contra accesos no autorizados.

Los distintos soportes, debido a sus diferentes tecnologías y materiales, necesitan algunos cuidados específicos para su conservación a largo plazo.

Disco duro externo para el almacenaje de datos

Los soportes magnéticos son sensibles a los campos magnéticos. Hay que mantener los discos duros y las cintas lejos de los campos magnéticos porque la exposición a estos campos provoca la pérdida de los datos. Los campos magnéticos también afectan a las tarjetas *flash, pendrives* y discos SSD, por lo que hay que tomar las debidas precauciones a la hora de almacenarlos.

? Sabía que...

Las cintas magnéticas de mayor calidad garantizan hasta 30 años de vida, permitiendo tener los archivos a salvo. De esta forma las empresas pueden cumplir con las exigencias de retención de datos con seguridad.

Una recomendación específica para mantener protegidos los discos duros magnéticos es que mientras el disco duro esté encendido no se debe mover el ordenador porque puede dañarse la superficie del disco con los cabezales de lectura/escritura.

Los discos ópticos tienen el problema de tener sus datos en la superficie del disco sin ninguna protección. Esto hace que su superficie sea propensa a sufrir ralladuras que posteriormente dificultan su lectura. Hay que tener cuidado al cogerlos para no ensuciar su superficie al tocarlos con los dedos, y no se debe dejar fuera de su caja o funda protectora.

Los discos comerciales grabados de fábrica son de mayor calidad que los discos grabables y regrabables utilizados para realizar copias. Esa mayor calidad se ve reflejada en una mayor durabilidad.

El mayor problema de los CD y DVD grabables es su poca vida útil y su poca fiabilidad con el paso del tiempo. Aunque los propios fabricantes afirman que su duración es de muchos años, e incluso para toda la vida, la verdad es que a los pocos años dejan de funcionar, apareciendo errores de lectura que no permiten leer el disco. Muchas empresas quieren almacenar sus datos durante años, ya sea por necesidad del negocio o por obligación legal. Por eso este tipo de soporte no es el apropiado para conservar información durante mucho tiempo.

Los discos ópticos más modernos como el *Blu-Ray* disponen de más capacidad de almacenamiento y velocidad pero su duración como soporte no es muy superior a la de los CD y DVD.

Sabía que...

El material de los discos ópticos es inmune a los campos magnéticos. Al no tener partes mecánicas ni partes móviles es más resistente a golpes y caídas. Y como la cabeza lectora nunca llega a tocar la superficie del disco no sufre desgaste como los discos duros magnéticos.

9.2. Externalizar las copias

Mediante la externalización una empresa deja de desarrollar alguna actividad que hacía por ella misma para confiársela a un proveedor externo. Hoy en día se ha convertido en una práctica habitual en empresas de todos los sectores y tamaños.

Las empresas necesitan disponer de infraestructuras propias para guardar y proteger su información. Externalizar las copias de seguridad permite ahorrar en infraestructuras, proteger los datos almacenándolos en unas instalaciones diferentes a las de la empresa y contar con mayor flexibilidad a la hora de recuperar los datos.

Recuerde

La externalización de las copias es una buena solución para empresas que no tienen recursos o personal técnico especializado.

Uno de los servicios externalizados que más está creciendo es el de las copias de seguridad. Este tipo de externalización proporciona beneficios inmediatos porque cuenta con muchas ventajas. Algunos puntos a favor de la externalización son:

- Reducción de costes, permitiendo contar con la más moderna tecnología sin necesidad de realizar una fuerte inversión inicial para la compra de los equipos.
- Permite contar con personal especializado y con experiencia en copias de seguridad, lo que mejora la eficiencia y funcionamiento.
- Aumento de la disponibilidad de los recursos desde cualquier lugar y a cualquier hora.
- Permite que la empresa se centre en su actividad principal.

Un punto negativo que se puede señalar de la externalización de las copias es que generan dependencia. Hay que prestar mucha atención al contrato de servicios porque los datos e información de la empresa, que es el activo más importante de la misma, pasa a manos de un proveedor externo. Es necesario tener claros los servicios mínimos que proporcionarán y contemplar situaciones en las que se produzcan fallos o cortes en el servicio. Hay que asegurarse de que el proveedor ofrezca garantías de funcionamiento y alternativas en caso de problemas.

 **Recuerde**

Con la externalización de las copias se está confiando el activo más valioso de la empresa a un proveedor externo.

Para evitar la corrupción de los datos y garantizar la redundancia de forma más segura existe una práctica que consiste en replicar los datos de la copia de seguridad de fuera de las instalaciones en otro sistema. A esto se le llama copia de seguridad de la copia de seguridad. De esta forma se tiene más de una copia fuera de las instalaciones, lo que da una mayor seguridad de recuperación ante desastres.

9.3. Destruir los soportes tras su ciclo de vida útil de manera acorde con las normas de seguridad de la empresa, garantizando la imposibilidad de extracción de información de los mismos

Las empresas deben disponer de una política de borrado seguro de información de los soporte de almacenamiento que utilice para trabajar. Como mínimo esta política debe considerar una gestión adecuada de los soportes y la documentación de los borrados realizados.

Para llevar una gestión adecuada de los soportes hay que seguir las siguientes recomendaciones:

- Mantener un seguimiento de los soportes que están en funcionamiento, los departamentos y personas responsables, la información que contienen y su clasificación respecto al grado de importancia para el negocio.
- Mantener una supervisión de los soportes con las copias de seguridad de los datos.
- Llevar el control de las operaciones realizadas en los dispositivos, como mantenimiento, sustitución o reparación.
- Asegurar que se mantiene la cadena de custodia de los soportes de almacenamiento en su transporte para evitar pérdidas y fugas de información.

Para documentar los borrados realizados se recomienda:

- Utilizar herramientas de borrado que permitan certificar y obtener un documento que confirme el proceso de borrado y muestre la fecha y el modo en que ha sido realizado.
- Cuando no sea posible la destrucción lógica de los datos por avería del dispositivo o soporte no reescribible se debe documentar y utilizar otro método alternativo de destrucción física. El proceso de destrucción siempre debe ser respetuosa con el medio ambiente.

Sabía que...

Formatear varias veces un disco o romper un pendrive no garantiza que la información no pueda ser recuperada.

Al borrar archivos o formatear un disco la información realmente no se borra, sino que permanece oculta y es recuperable. Cuando los soportes de almacenamiento son desechados por llegar al fin de su vida útil es importante realizar un borrado seguro de los datos o incluso la destrucción física correcta de los soportes. De esta forma se asegura que los datos no se puedan recuperar posteriormente. El periodo de vida útil de un soporte se establece en las políticas de copias de seguridad de la empresa. Se atiende al tipo de soporte utilizado y lo que estadísticamente se considera que un soporte deja de ser fiable.

Recuerde

Que un soporte llegue al fin de su vida útil no significa necesariamente que deje de funcionar.

A veces las empresas se ven obligadas a ceder el control de la información a terceros y es necesario tener cuidado porque esto supone un riesgo para la empresa. Este es el caso de empresas que subcontratan el mantenimiento informático para la gestión, actualización y reparación de equipos. A veces las empresas recurren al alquiler de equipos informáticos y cuando se deje de utilizar ese equipo podrá volver a ser utilizado por otra empresa diferente, con el consiguiente riesgo.

Existen varios métodos para destruir la información contenida en los soportes de almacenamiento para que no puedan ser recuperados, las más comunes son desmagnetización, destrucción y sobreescritura.

Recuerde

Para destruir los datos no es suficiente con tirar un papel a la papelera o formatear un disco duro.

Desmagnetización

La desmagnetización consiste en exponer los soportes a un campo magnético suficientemente potente para eliminar los datos del dispositivo. Este método solo se puede utilizar en soportes magnéticos como discos duros, cintas, tarjetas de memoria o *pendrives.*

Desmagnetizador

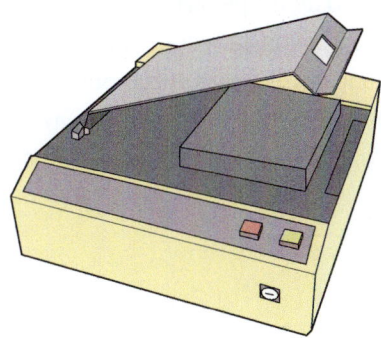

Los inconvenientes de este método son que se requiere un desmagnetizador y hay que llevar los soportes al sitio donde se encuentre el desmagnetizador. Esto puede implicar unos gastos de transporte y riesgos en asegurar la cadena de custodia. Después de desmagnetizarlos los dispositivos dejan de funcionar y es difícil certificar que los datos han sido borrados completamente y no se podrán recuperar.

Recuerde

Cuando la información ya no sirve ni va a servir en el futuro, se puede almacenar su soporte de forma segura o se puede destruir.

Destrucción física

El objetivo de este método es la destrucción total del soporte que guarda los datos para inutilizarlo permanentemente. Existen varias técnicas de destrucción:

- **Desintegración e incineración.** Esta técnica destruye por completo los soportes de almacenamiento, sometiéndolos a altas temperaturas para que se fundan.
- **Destrucción mecánica por trituración.** Las trituradoras de papel son de este tipo. El tamaño de los pedazos de papel deben ser lo suficientemente pequeños para impedir la reconstrucción y asegurar la confidencialidad de la información. Algunas trituradoras de papel también permiten destruir CD y DVD. Para los discos duros hay que utilizar máquinas que taladren el disco, agujereando los platos que contienen la información.

Sabía que...

Aunque un disco duro sufra daños mecánicos al tirarlo al suelo o aplastarlo, si los platos internos están bien, podrían montarse en otro disco de las mismas características y recuperar los datos.

Este método no está exento de inconvenientes, de los que se pueden destacar los siguientes:

- Se necesitan aparatos de destrucción distintos para cada soporte.
- Hay que transportar los soportes hasta el equipo de destrucción, prestando cuidado a la cadena de custodia.
- Es difícil certificar la completa destrucción de los datos porque es imposible acceder al dispositivo y hay que recurrir a comprobaciones manuales y fotografías. Existen empresas que se encargan de destruir los soportes y reciclarlos. Proporcionan un certificado de destrucción con la garantía de que el soporte ha sido destruido y manteniendo la confidencialidad de los datos contenidos.

Destructora de CD

Sobrescritura de toda la información

Se puede utilizar en soportes que permitan reescritura. Consiste en escribir un mismo patrón de datos sobre los datos ya existentes en el dispositivo. Para asegurar la destrucción total se debe escribir sobre el total de la superficie. Una ventaja es que una vez borrados los datos se puede acceder al dispositivo para certificar su borrado, además se puede volver a reutilizar el dispositivo. Otro punto positivo es que el borrado se puede realizar en las propias instalaciones de la empresa.

Los discos, y los sistemas de almacenamiento en general, guardan en una zona una lista de archivos con información como el nombre y la ubicación donde se encuentran dentro del disco. En otra zona se guardan realmente los archivos. Los métodos de borrado normales eliminan los archivos de la "lista" pero no borran el archivo de la zona donde se almacena realmente. Lo que hace es poner esa posición del archivo como disponible para que pueda ser utilizada por nuevos archivos.

Sabía que...

Los métodos normales de borrado que utilizan los sistemas operativos no son métodos de destrucción de datos seguros.

Para que la información de un disco sea eliminado de forma segura hay que eliminarlo de la zona de lista de archivos y de la zona de almacenamiento de los datos. Para esto existen herramientas *software* especializadas en esta tarea.

Actividades

14. Piense en tres razones por las que una empresa debe destruir su información.
15. Diseñe una etiqueta para los soportes utilizados en las copias de seguridad de una empresa.
16. Señale una ventaja y un inconveniente de las copias de seguridad en la nube. Razone la respuesta.

10. Documentación de planes de recuperación

Los planes de recuperación son procesos que deben tener todas las empresas para contar con copias de seguridad que permitan recuperar en un momento determinado la información que se ha perdido o dañado por cualquier circunstancia. Los planes de recuperación cubren sobre todo los datos, que es lo más importante de la empresa, pero también puede cubrir el *hardware* y el *software* crítico. En definitiva, siguiendo el plan de recuperación se volvería a poder poner la empresa operativa.

En estos planes se debe especificar claramente lo que hay que hacer en caso de producirse una situación crítica. Si se dispone de un plan, las personas saben lo que tienen que hacer para superar la situación cuanto antes.

Cuando se recupera un sistema se vuelve al estado en el que estaba el sistema en el momento en el que se realizó el último respaldo. Para realizar un respaldo del sistema se deben considerar los siguientes aspectos:

- Elaborar un plan de respaldo.
- Los datos que hay que incluir en la copia de seguridad.
- El tipo de copia que se va a realizar.
- Número de copias a realizar.
- Lugar donde se van a guardar las copias.
- Quién tendrá acceso a las copias.
- Es necesario verificar las copias realizadas.
- Mantener un registro de cualquier modificación.
- Establecer los momentos en que se realizarán las copias.
- Conocer el soporte físico que se utilizará.

Recuerde

Es fundamental que cualquier empresa que utilice un sistema informático cuente con un plan de recuperación.

El plan de recuperación puede incluir alternativas para que la empresa siga funcionando. Se pueden incluir lugares de trabajo alternativos, diferentes formas de seguir trabajando o utilización de sistemas distintos.

10.1. Diseñar los pasos a seguir para la completa restauración de un sistema en producción

El objetivo principal de planear previamente la recuperación de un sistema es disminuir el impacto causado y mejorar el tiempo de respuesta en caso de desastre.

En muchas ocasiones es imposible evitar ciertas catástrofes, pero se puede disminuir el daño si se establecen unos pasos a seguir para una recuperación del sistema que permita reanudar la actividad normal de la empresa en el menor tiempo posible.

Recuerde

Siempre es mejor tener un procedimiento previsto ante desastres que improvisar en el momento del daño.

Para la elaboración del plan contra desastres se debe designar a personal encargado de su diseño. Lo normal es que esta tarea sea desarrollada por personal del departamento de informática y comunicaciones y del departamento de seguridad. El plan de recuperación ante desastres se puede dividir en tres fases, que serán las acciones anteriores al desastre, en el momento del desastre y después del desastre.

Acciones antes del desastre

En esta fase se realizan las tareas de planificación, preparación y realización de copias de seguridad de la información para asegurar el poder recuperarla con la mayor rapidez y el menor coste posible en caso de desastre.

En este momento se hace una relación de los sistemas de información y lista de servicios con los que trabaja la empresa.

Se debe mantener un inventario de equipos *hardware* como ordenadores, impresoras, escáneres, etc., así como detallar su ubicación física y el *software* que utilizan. También es conveniente etiquetar los distintos ordenadores según la importancia y valor de su contenido para darles prioridad en caso de evacuación.

Ejemplo

Para distinguir la importancia de los equipos en caso de emergencia se pueden etiquetar con color rojo los servidores, con amarillo los ordenadores con información estratégica importante y de color verde el resto de equipos que pueden estar sin uso o incluso sin discos duro.

Se deben realizar copias de seguridad de todos los componentes *software* necesarios para poder continuar el negocio:

- Sistemas operativos utilizados.
- *Software* básico necesario para que funcionen el resto de aplicaciones y un correcto reconocimiento de periféricos.
- *Software* de las aplicaciones utilizadas en la empresa.
- Copia de los datos, como bases de datos, *passwords,* y toda la demás información importante para la empresa.
- Copia de seguridad de *hardware*. Puede ser de forma externa o interna. De forma externa significa tener algún convenio con otra empresa para poder disponer de *hardware* similar al que se tiene o incluso mejor y que se pueda utilizar en caso de pérdida del propio. De forma interna se puede realizar si se dispone de varios equipos en la misma oficina o en otra. Se etiquetan los equipos de forma que puedan ser sustituidos con facilidad por otro en caso de emergencia.

Sabía que...

Cuando una empresa dispone de dos sucursales una buena práctica es disponer equipos similares en ambas, para que en caso de emergencia en una oficina se pueda utilizar su equipo equivalente.

Hay que definir la política de copia. Hay que establecer procedimientos y normas, así como determinar las responsabilidades en la realización de las copias de seguridad. Hay que considerar:

- La periodicidad de los tipos de copia, ya que no todas se realizarán con la misma frecuencia.
- Respaldo de información en días de fiesta que no se trabaja, pero es posible programar copias automáticas.
- Llevar un control obligatorio de las copias diarias, semanales y mensuales, de forma que se lleve un registro de los resultados de las operaciones y su almacenamiento correspondiente.
- Almacenar las copias en condiciones ambientales óptimas adecuadas al soporte de almacenamiento utilizado.
- Reemplazar los soportes de almacenamiento de forma periódica para evitar que el deterioro de estos dañe las copias.
- Almacenar las copias en lugares diferentes a donde está la información original.
- Realizar pruebas periódicas de las copias realizadas verificando su funcionamiento.

 Sabía que...

Es conveniente revisar el plan de recuperación al menos una vez al año.

Hay que establecer una división en equipos operativos. En cada unidad operativa se designa un responsable encargado de la seguridad de la información de su unidad. Sus tareas serán:

- Contactar con los diferentes trabajadores de la unidad.
- Proporcionar todo lo necesario para la realización de las copias de seguridad de la unidad, dirigido por los responsables de la seguridad de la empresa.
- Supervisar el proceso de copia y restauración.
- Realizar trabajos de recuperación y verificación de los datos.
- Participar en los simulacros de desastres.

También es conveniente formar equipos de evaluación para comprobar el cumplimiento en materia de seguridad. Lo mejor es que esta tarea sea realizada por personal de auditoría. Si no es posible también lo puede realizar el personal de informática. Los pasos que se deben seguir son:

- Hay que revisar los procedimientos y normas referidos a la seguridad de la información y las copias de seguridad.
- Supervisión de la realización de copias de seguridad periódicas por el personal encargado, el *software* y *hardware.*
- Realizar informes sobre el cumplimiento o no de las normas, así como las acciones a desarrollar para corregir o mejorar.

 **Recuerde**

Los desastres ocurren y hay que estar preparados para que el impacto sea lo menos dañino posible.

Acciones durante el desastre

Durante una situación de desastre se debe seguir el plan de emergencia que debe haber sido planificado previamente. Se debe tener prevista la probabilidad del momento en que puede ocurrir, durante el día o la noche. En el plan se deben incluir las acciones que tienen que realizar cada una de las personas presentes durante el desastre. Se debe pensar en el resguardo de equipos solo en caso de no poner en riesgo la vida de las personas.

Normalmente durante una situación de desastre las personas no se comportan de la mejor manera posible, por no estar preparadas o no contar con los medios apropiados. Por eso la primera acción a realizar es buscar ayuda inmediata para evitar daños mayores. En todas las dependencias de la empresa se deben tener las direcciones y teléfonos de ayuda.

Es muy importante la formación de los empleados. Todo el personal debe conocer:

- La situación de las salidas de emergencia. Estas deben estar correctamente señalizadas.
- Plan de evacuación personal, realizando simulacros periódicamente utilizando las salidas de emergencia.
- Ubicación y señalización de los elementos de ayuda, como los extintores contra incendios y las zonas de seguridad.
- Secuencia de llamadas en caso de desastre. Es imprescindible disponer de un dispositivo de iluminación y una lista de teléfonos de emergencias como bomberos, policía, centros de salud y hospitales.
- Hay que asignar tareas claramente definidas a los trabajadores para que las realicen en caso de desastre. En el supuesto de ser posible se deben formar dos equipos, uno para combatir el desastre y otros para salvar los equipos con los datos.
- Se deben planificar prácticas periódicas con la participación de todo el personal ante diferentes desastres. Es importante conseguir que los trabajadores tomen conciencia de que los desastres pueden ocurrir y se lo tomen en serio.

 **Nota**

En caso de daños en el sistema se puede estar sometido a mucha presión y bajo presión se comenten más errores.

Acciones después del desastre

Una vez terminada la crisis hay que reponerse cuanto antes. Para eso hay una serie de acciones que hay que realizar después de que se produzca un desastre:

- **Evaluación de los daños.** Es importante conocer claramente cuál es la situación para tomar las mejores decisiones posibles para su resolución.
- **Priorizar las acciones a realizar.** Normalmente no se puede solucionar todo a la vez, habrá que empezar por restablecer los servicios más críticos de la empresa.
- **Ejecución de las acciones.** Este paso hay que realizarlo con tranquilidad para no cometer errores innecesarios.
- **Evaluación de los resultados.** Una vez resuelta la situación se comprobará que todo esté funcionando correctamente.
- **Retroalimentación** para la mejora del plan ante desastres, para aprender de los errores y que en el futuro los daños sean menores y la velocidad de recuperación mayor.

 **Recuerde**

Los desastres son una oportunidad de aprender y mejorar para evitar errores en el futuro.

10.2. Documentar las restauraciones a realizar para el restablecimiento de un sistema en producción tras un problema mayor

Para estar preparados contra problemas de cualquier tipo se debe elaborar un documento con instrucciones a realizar para recuperar el sistema y la información.

Recuerde

Es conveniente programar las acciones propuestas en el plan de recuperación.

Estos documentos serán vitales para que la empresa vuelva a su actividad tras un desastre. Es lo único que permitirá a la empresa reaccionar de forma adecuada ante problemas críticos. Hay que ir probando y manteniendo los documentos de forma continua para corregir errores y mejorar los procedimientos para ser cada vez más eficientes.

Es bueno saber cuánto tiempo es aceptable que un servicio esté sin funcionamiento. Este tiempo de caída puede suponer grandes pérdidas económicas para la empresa. Normalmente, cuanto más dinero pierde la empresa por dejar de tener ese servicio operativo más crítico es y más urgente restablecer su funcionamiento. Es bueno documentar cuando surge un problema y es bueno también documentar la forma como se ha solucionado. Esto servirá para ser más rápidos en la resolución de problemas similares en el futuro.

Recuerde

Se debe realizar un análisis de costos y beneficios para evaluar las consecuencias que supondría la pérdida de información.

Al igual que es necesaria una hoja de registro para llevar el control de las copias realizadas, también se debe disponer de una hoja de registro para controlar la restauraciones de las copias de seguridad. Este registro debe incluir al menos la siguiente información:

- Fecha de la restauración.
- Ubicación del puesto donde se ha efectuado la restauración.
- Persona que ha realizado la restauración.
- Incidencia que ha provocado el tener que restaurar los datos.

 Aplicación práctica

En una empresa se produce un error físico en el disco duro de un servidor en producción y este deja de funcionar. El fallo se ha producido en horario laboral y muchos de los empleados no pueden seguir con su trabajo.

Indique los pasos a seguir antes, durante y después del problema para minimizar los efectos de este incidente en la empresa.

SOLUCIÓN

Acciones antes del desastre. Antes de que se produzca ningún problema habría que haber realizado una correcta planificación y realización de copias de seguridad. Si este trabajo se hizo correctamente se podrá recuperar toda o la mayor parte de la información perdida en el disco dañado. Es necesario mantener un inventario con los dispositivos *hardware* y su ubicación, así como tenerlos bien etiquetados.

Acciones durante el desastre. En el momento del desastre se debe seguir lo planificado con anterioridad para este caso de situaciones. La prioridad en esta situación es recuperar la información y hacer que los sistemas vuelvan a funcionar cuanto antes. Para esto se procede a reemplazar el disco averiado con otro de similares características y restaurar la copia de seguridad. Mientras, se debe informar a trabajadores y usuarios de que se ha producido un error y del tiempo estimado para solucionarlo.

El proceso de restauración de la copia de seguridad será documentado incluyendo la fecha de restauración, la identificación y ubicación del puesto donde se restauró la copia, la persona que realizó la restauración y el incidente que ha provocado la restauración.

Continúa en página siguiente >>

<< Viene de página anterior

Acciones después del desastre. Una vez solucionado el problema es momento de evaluar los daños causados. Se comprobará que el sistema está funcionando correctamente de nuevo. Se comprobará si se han perdido datos debido a la fecha de la última copia de seguridad que se ha restaurado. Si hay datos importantes que se modificaron posteriormente a la última copia de seguridad se intentarán recuperar del disco averiado.

Si se han producido errores se aprenderá de ellos para mejorar los planes para futuros problemas. Se pensará en usar otro tipo de dispositivos o ajustar la periodicidad de las copias de seguridad, etc.

11. Resumen

Cuando se trabaja con datos hay que tenerlos bien ordenados por su tipo e importancia para poder tratarlos como le corresponda a cada uno. La pérdida de datos es una realidad, y realizar copias de seguridad es la cosa más importante que se puede hacer para protegerlos. Además de realizar las copias es necesario verificar que se han realizado correctamente. Y hay que guardarlas en un lugar seguro perfectamente etiquetadas para poder encontrarlas cuando sea necesario.

Las copias diferenciales ocupan más espacio pero son más rápidas de restaurar y las copias incrementales ocupan menos espacio pero son más lentas de restaurar si hay muchas. La utilización de una u otra opción dependerá de las necesidades en cada caso.

Hay muchas alternativas de soportes donde realizar las copias de seguridad. Hay que buscar un equilibrio entre precio, rendimiento y fiabilidad, y ajustar el tipo de datos al medio de almacenamiento utilizado. Los soportes tienen un tiempo de vida limitado y hay que reemplazarlos antes de que sea tarde. No siempre se desea conservar la información, y en algunos casos lo importante es asegurarse de que la información es destruida de forma que no se pueda recuperar.

En cualquier caso, siempre se debe documentar todo el proceso de los planes de recuperación así como los procesos de destrucción.

Ejercicios de repaso y autoevaluación

1. **El único responsable de tipificar la importancia de los datos es:**

   a. El creador de los datos que es el que los conoce mejor.
   b. La persona que custodia los datos.
   c. El administrador del sistema encargado de realizar las copias de seguridad.
   d. No hay un único responsable, todos tienen parte de responsabilidad.

2. **De las siguientes frases, indique cuál es verdadera o falsa.**

   a. Hay que darle más importancia a los datos que se crean en la empresa que a los descargados de internet.

   ☐ Verdadero
   ☐ Falso

   b. Es más importante organizar los datos por orden alfabético que por importancia.

   ☐ Verdadero
   ☐ Falso

   c. No es necesario realizar copias de seguridad si se dispone de un disco duro de buena calidad y es nuevo.

   ☐ Verdadero
   ☐ Falso

   d. Hay que impedir que personas no autorizadas accedan a la información.

   ☐ Verdadero
   ☐ Falso

   e. Los equipos informáticos son el activo más importante de una empresa.

   ☐ Verdadero
   ☐ Falso

3. El mayor riesgo de pérdida de los datos es:

    a. Por incendio.
    b. Por inundación.
    c. Por fallos en los sistemas o errores humanos.
    d. Por caídas accidentales.

4. Un correcto etiquetado de las copias es:

    a. El que indica claramente lo que contienen las copias para que cualquiera que las coja pueda saberlo.
    b. El que muestra un código entendible por los técnicos encargados de las copias, pero que es indescriptible para alguien ajeno a ellas.
    c. El etiquetado no es importante ya que siempre se puede mirar directamente el contenido.
    d. El texto de las etiquetas debe contener letras y números.

5. La realización de copias de seguridad es un sistema de seguridad...

    a. ... pasivo.
    b. ... para que no se produzcan desastres.
    c. ... para evitar robos de información.
    d. ... activo.

6. Clasifique la siguiente información como recuperable o irrecuperable en caso de que se produzca un desastre y no se disponga de copias de seguridad:

- Fotos propias de la empresa.
- Manuales internos de la empresa.
- Documentos descargados de internet.
- Folleto con publicidad de proveedores.
- Datos de contacto de empleados actuales.
- Datos de contacto de clientes de los últimos 20 años.

INFORMACIÓN RECUPERABLE	INFORMACIÓN IRRECUPERABLE

7. **Ordene de mayor a menor importancia los siguientes datos de la empresa, siendo el 1 el más importante y el 4 el menos importante:**

   ▌ Programas *software* utilizados por la empresa.
   ▌ Trabajos realizados por la empresa.
   ▌ Licencias de *software* utilizadas en la empresa.
   ▌ Hojas con lista de tareas de la semana pasada de los empleados.

8. **Se han realizado copias de seguridad utilizando copias totales y diferenciales. ¿Qué se necesita cuando haya que realizar una restauración de los datos?**

   a. Solo la última copia total.
   b. La última copia total y la última diferencial si es posterior a la total.
   c. La última copia total y todas las incrementales posteriores a la total.
   d. Solo la última copia diferencial.

9. **Relacione los diferentes tipos de copia con las siguientes características:**

   ▌ Las que tardan más tiempo en realizarse.
   ▌ Solo se necesita la última copia para restaurarse además de la total.
   ▌ Las más rápidas en realizarse.
   ▌ Solo necesita la última copia para restaurarse.
   ▌ Las que menos espacio ocupan.
   ▌ Las que ocupan más espacio.

TOTAL	DIFERENCIAL	INCREMENTAL

10. Complete la tabla siguiente indicando si el método de borrado de datos se puede aplicar al soporte o no.

SOPORTE	DESTRUCCIÓN FÍSICA	DESMAGNETIZACIÓN	SOBRESCRIBIR
Disco duro magnético			
Cinta			
Cd-r			
Dvd-r			

11. En caso de querer realizar una copia de seguridad de los datos de una partición de un disco duro, ¿en qué sitio es mejor realizar la copia por seguridad?

   a. En otra partición del mismo disco duro.
   b. En otro disco duro conectado al mismo ordenador que el de los datos originales.
   c. En un soporte distinto al de los datos originales.
   d. Lo más seguro es no hacer la copia.

12. Indique qué acciones hay que realizar antes, durante y después del desastre:

   a. Buscar ayuda inmediata.
   b. Realizar una evaluación de los daños.
   c. Mantener un inventario de los dispositivos *hardware* de la empresa.
   d. Evaluación de los resultados tras aplicar las soluciones.
   e. Etiquetar los ordenadores según su importancia y valor de su contenido.
   f. Seguir el plan de emergencia.
   g. Retroalimentación para mejorar el plan contra desastres.
   h. Realizar copia de seguridad del *software* imprescindible.
   i. Combatir el desastre.
   j. Realizar pruebas de las copias realizadas.
   k. Salvar los equipos.

ANTES	DURANTE	DESPUES

13. Indique de cuánto tiempo será la ventana de copia de una empresa que deja de trabajar con sus equipos a las 22:00 y vuelve a trabajar con ellos al día siguiente a las 7:00.

    a. La ventana de copia es de 2 horas.
    b. La ventana de copia es de 9 horas.
    c. La ventana de copia es de 7 horas.
    d. La ventana de copia depende de la hora a la que se programe la copia.

14. Un disco contiene los archivos a, b, c, d, e, f, g, h. Complete la tabla con los archivos contenidos de las copias de seguridad realizadas a lo largo de los días, teniendo en cuenta las modificaciones de los ficheros.

DÍA	ARCHIVOS MODIFICADOS	TIPO DE COPIA	CONTENIDO DE LA COPIA
1	a, b	Total	
2	a, c, f	Incremental	
3	b, f	Diferencial	
4	c, e	Diferencial	
5	d	Incremental	
6	b	Total	

15. Se necesita restaurar la copia de seguridad ante un fallo en el sistema. Indique las copias necesarias y el orden correcto para la restauración a la versión más actual disponible. Consulte la tabla con la programación de las copias de los últimos días.

Día	1	2	3	4	5	6	7
Tipo	Inc	Total	Inc	Dif	Dif	Inc	Inc

Capítulo 2
Legislación vigente

Contenido

1. Introducción

Actualmente, la sociedad vive en un mundo donde el uso de la información es imprescindible para acceder a cualquier servicio. Desde participar en un concurso, sacar un billete para viajar, alojarse en un hotel, llamar por teléfono o navegar por internet, siempre son necesarios los datos personales. Muchos de los datos que se comparten pueden parecer datos sin importancia o que no son datos personales, pero la realidad es que constituyen una información muy valiosa que puede llegar a identificar a cualquier persona de forma directa o indirecta.

Muchos de los datos que se proporcionan son recogidos por empresas que los utilizan para ofrecer sus servicios. Existen normas que regulan el uso y la conservación de los datos de carácter personal, y otras que regulan el comercio electrónico y la propiedad intelectual.

La continua innovación y el avance de la tecnología hacen que actualmente se compartan los datos de forma casi automática. Es recomendable estar siempre atentos para saber a quién se ceden los datos. Por eso es necesario actualizar la legislación para garantizar la seguridad de los datos que se utilizan en internet. La ley reconoce a las personas el derecho a decidir sobre el uso de sus datos, a saber cuándo, cómo y para qué son tratados esa información de carácter personal.

2. Conocer las leyes vigentes relacionadas con el tratamiento de datos

Actualmente cualquier empresa trabaja con una enorme cantidad de datos. Muchos de esos datos son de carácter personal y la legislación establece unas normas para su tratamiento.

La protección de datos de carácter personal se basa en el derecho a la intimidad recogido en la Constitución de 1978, concretamente en los siguientes artículos:

Artículo 18.1: Se garantica el derecho al honor, a la intimidad personal y familiar y a la propia imagen.

Artículo 18.3: Se garantiza el secreto de las comunicaciones y, en especial, de las postales, telegráficas y telefónicas, salvo resolución judicial.

Artículo 18.4: La ley limitará el uso de la informática para garantizar el honor y la intimidad personal y familiar de los ciudadanos y el pleno ejercicio de sus derechos.

Las leyes más relevantes en cuanto al tratamiento de los datos son:

- Ley Orgánica 3/2018, de 5 de diciembre, de Protección de Datos Personales y garantía de los derechos digitales.
- Reglamento (UE) 2016/679 del Parlamento Europeo y del Consejo, de 27 de abril de 2016, relativo a la protección de las personas físicas en lo que respecta al tratamiento de datos personales y a la libre circulación de estos datos y por el que se deroga la Directiva 95/46/CE (Reglamento general de protección de datos).
- Ley 34/2002, de 11 de julio, de Servicios de la Sociedad de la Información y del Comercio Electrónico (LSSI).
- Ley de Propiedad Intelectual (LPI), que se aprobó en el Real Decreto Legislativo 1/1996, de 12 de abril.

2.1. Legislación vigente en materia de protección de datos de carácter personal

La protección de datos de carácter personal es algo que está tomando importancia en los últimos años. La Ley Orgánica 3/2018, de 5 de diciembre, de Protección de Datos Personales y garantía de los derechos digitales (LOPDGDD) tiene como finalidad proteger el uso que hacen las empresas y profesionales de los datos personales. Según su artículo 1, esta ley tiene un doble objetivo:

- *Adaptar el ordenamiento jurídico español al Reglamento (UE) 2016/679 del Parlamento Europeo y el Consejo, de 27 de abril de 2016, relativo a la protección de las personas físicas en lo que respecta al tratamiento de sus datos personales y a la libre circulación de estos datos, y completar sus disposiciones.*
- *Garantizar los derechos digitales de la ciudadanía conforme al mandato establecido en el artículo 18.4 de la Constitución.*

Recuerde

La LOPDGDD establece que el derecho a la protección de los datos personales es un derecho fundamental de las personas.

Según el artículo 2 de la LOPDGDD, esta ley es aplicable a cualquier tratamiento total o parcialmente automatizado de datos personales, así como al tratamiento no automatizado de datos personales contenidos o destinados a ser incluidos en un fichero.

Se establecen, además, en el Título II, una serie de principios de protección de datos, entre los que hay que destacar los siguientes:

- **Exactitud de los datos:** los datos serán exactos y, si fuese necesario, actualizados.
- **Deber de confidencialidad:** los responsables y encargados del tratamiento de datos, así como todas las personas que intervengan en cualquier fase de este, estarán sujetas al deber de confidencialidad al que se refiere el artículo 5.1.f) del Reglamento (UE) 2016/679.
- **Tratamiento basado en el consentimiento del afectado:** se entiende por consentimiento del afectado toda manifestación de voluntad libre, específica, informada e inequívoca por la que este acepta, ya sea mediante una declaración o una clara acción afirmativa, el tratamiento de datos personales que le conciernen. Cuando se pretenda fundar el tratamiento de los datos en el consentimiento del afectado para una pluralidad de finalidades será preciso que conste de manera específica e inequívoca que dicho consentimiento se otorga para todas ellas.
- **Consentimiento de los menores de edad:** el tratamiento de los datos personales de un menor de edad únicamente podrá fundarse en su consentimiento cuando sea mayor de catorce años.
- **Tratamiento de datos por obligación legal, interés público o ejercicio de poderes públicos:** el tratamiento de datos personales solo podrá considerarse fundado en el cumplimiento de una obligación legal exigible al

responsable, en los términos previstos en el artículo 6.1.c) del Reglamento (UE) 2016/679, cuando así lo prevea una norma de Derecho de la Unión Europea o una norma con rango de ley, que podrá determinar las condiciones generales del tratamiento y los tipos de datos objeto del mismo, así como las cesiones que procedan como consecuencia del cumplimiento de la obligación legal. Dicha norma podrá igualmente imponer condiciones especiales al tratamiento, tales como la adopción de medidas adicionales de seguridad u otras establecidas en el capítulo IV del Reglamento (UE) 2016/679.

- **Categorías especiales de datos:** a fin de evitar situaciones discriminatorias, el solo consentimiento del afectado no bastará para levantar la prohibición del tratamiento de datos cuya finalidad principal sea identificar su ideología, afiliación sindical, religión, orientación sexual, creencias u origen racial o étnico.

- **Tratamiento de datos de naturaleza penal:** el tratamiento de datos personales relativos a condenas e infracciones penales, así como a procedimientos y medidas cautelares y de seguridad conexas, para fines distintos de los de prevención, investigación, detección o enjuiciamiento de infracciones penales o de ejecución de sanciones penales, solo podrá llevarse a cabo cuando se encuentre amparado en una norma de Derecho de la Unión, en esta ley orgánica o en otras normas de rango legal.

 Sabía que...

Algunas comunidades autónomas, como Madrid, Cataluña, Galicia y País Vasco cuentan con normativas propias sobre protección de datos que se basan en la LOPDGDD, y además cuentan con su propia Agencia de Protección de Datos.

Son datos personales cualquier información numérica, alfabética, gráfica, fotográfica, acústica o de cualquier otro tipo concerniente a personas físicas identificadas o identificables.

 **Nota**

Identificadas: son datos que por sí solos identifican a una persona.

Identificables: son datos que investigando un poco llevan a identificar a una persona.

La LOPDGDD se aplica en todo el territorio español y, en caso de estar fuera del país, donde sea aplicable la legislación española. Si el responsable del tratamiento de datos no está en la Unión Europea, pero utiliza medios de almacenamiento ubicados en España, también deberá aplicar esta ley.

Según su artículo 2.3, la LOPDGDD no se aplica:

- A los ficheros mantenidos por personas físicas en el ejercicio de actividades exclusivamente personales o domésticas.
- A los ficheros sometidos a la normativa sobre protección de materias clasificadas.
- A los ficheros establecidos para la investigación del terrorismo y de formas graves de delincuencia organizada. No obstante, en estos supuestos, el responsable del fichero comunicará previamente la existencia del mismo sus características generales y su finalidad a la Agencia de Protección de Datos.

Derechos ARCO ampliados

Los derechos ARCO de la ya derogada LOPD (Ley Orgánica 15/1999, de Protección de Datos de Carácter Personal), permanecen en la LOPDGDD. Sin embargo, esta nueva normativa ha ampliado estos derechos, añadiendo dos más.

En concreto, los derechos de las personas en relación a sus datos personales que contempla la nueva LOPDGDD son los siguientes:

- **Derechos de acceso:** se reconoce el derecho de las personas al acceso a sus propios datos de carácter privado que estén en ficheros de empresas, conocer el uso que se hace de esos datos, así como la fuente de donde se obtuvieron y las transferencias que se realicen a otras empresas.
- **Derecho de rectificación:** cuando se detecta un error en los datos incluidos en un fichero porque sean inexactos, incompletos, inadecuados o excesivos, el usuario tiene derecho a solicitar su modificación.
- **Derecho de supresión:** se tiene derecho a que los datos contenidos en los ficheros sean eliminados de forma definitiva.
- **Derecho de oposición:** el afectado tiene derecho a que no se realicen tratamientos de sus datos de carácter personal.
- **Derecho a la limitación del tratamiento:** el interesado tendrá derecho a obtener del responsable del tratamiento la limitación del tratamiento de sus datos.
- **Derecho a la portabilidad:** el interesado tiene derecho a recibir los datos personales que le incumban que haya facilitado a un responsable del tratamiento y a transmitirlos a otro responsable del tratamiento sin que pueda impedirlo el responsable inicial.

Derecho de información

Uno de los principios de la LOPDGDD es el derecho de información en la recogida de datos. Este principio protege la intimidad y otros derechos fundamentales de los ciudadanos estableciendo las condiciones en las que se deben recoger, tratar y ceder los datos de carácter personal.

La LOPDGDD establece que los ciudadanos tienen derecho a saber quién guarda sus datos, con qué finalidad, quién será el destinatario de la información, cuáles son sus derechos y dónde puede dirigirse para poder ejercerlos. Al mismo tiempo el derecho de información es una obligación para el responsable del fichero que tiene el deber de informar a las personas afectadas.

Atendiendo al artículo 11 de la LOPDGDD, las personas a las que se les soliciten datos personales se les deberá informar previamente de forma clara y precisa de los siguientes puntos:

- La identidad del responsable del tratamiento y de su representante, en su caso.
- La finalidad del tratamiento.
- La posibilidad de ejercer los derechos de acceso, rectificación, supresión, limitación del tratamiento, portabilidad y oposición.

La mayoría de las veces, incluir los datos de carácter personal en un fichero supondrá un tratamiento de los datos. La LOPDGDD establece que el tratamiento de los datos de carácter personal requiere el consentimiento expreso e inequívoco de la persona afectada para poder realizar un tratamiento a sus datos.

De hecho, según el reglamento (UE) 2016/679, se entiende por consentimiento del interesado *toda manifestación de voluntad libre, específica, informada e inequívoca por la que el interesado acepta, ya sea mediante una declaración o una clara acción afirmativa, el tratamiento de datos personales que le conciernen.*

 Ejemplo

Este podría ser un modelo de documento de información que se debe mostrar en cualquier formulario para la recogida de datos de carácter personal.

En cumplimiento de la Ley Orgánica 3/2018, de Protección de Datos Personales y Garantía de los Derechos Digitales, le informamos que sus datos serán incorporados a un fichero con datos de carácter personal denominado "XXXXXXX", cuya finalidad es "XXXXXXXXXXXX". Le comunicamos que puede ejercer su derecho de acceso, rectificación, supresión o limitación del tratamiento de los datos personales o a oponerse al tratamiento dirigiéndose al responsable del fichero que es XXXXXXXXXXX.

Niveles y medidas de seguridad

La LOPDGDD obliga a tomar las medidas necesarias para garantizar la seguridad de los datos de carácter personal. Estas medidas deben ser tomadas por la empresa o profesional encargado de almacenar los datos.

Una vez que se tiene un fichero de datos de carácter personal hay que solicitar a la AEPD su aprobación. Al realizar la solicitud es necesario especificar los datos que el fichero contendrá y el nivel de seguridad que se le aplicará. La ley establece tres niveles de seguridad:

- Básico.
- Medio.
- Alto.

Un fichero está formado por datos de distintos tipos, a cada dato le corresponde un nivel de seguridad. El nivel que se debe aplicar a un fichero es el más alto que le corresponda a cualquiera de los datos que incluye. Y según el nivel de seguridad que se asigne al fichero es necesario aplicar las medidas de seguridad que corresponden a ese nivel. Las medidas de seguridad serán mayores cuanto más alto sea el nivel de seguridad del fichero.

Todos los ficheros de datos de carácter personal tienen como mínimo el nivel básico. Los niveles de seguridad son acumulativos, de forma que el nivel de seguridad medio debe cumplir las medidas de seguridad del nivel básico y medio, y el nivel alto debe cumplirlas todas.

En la siguiente tabla se muestran los tipos de datos que pertenecen al nivel de seguridad básico y las medidas de seguridad que se deben aplicar:

Nivel de seguridad básico	
Tipos de datos	**Medidas de seguridad que se deben aplicar**
- Nombre - Apellidos - Dirección de contacto - Correo electrónico - Número de teléfono - Profesión - Fecha y lugar de nacimiento - Otros (como Nº de cuenta corriente)	- Disponer de un documento de seguridad - Formación y responsabilidad del personal - Registro de incidencias - Identificación y autenticación para el acceso a los datos - Control de acceso - Gestión de soportes de los datos - Copias de respaldo y recuperación

Nota

El documento de seguridad es un documento obligatorio, en el nivel básico de seguridad, que recoge las medidas técnicas y organizativas que son de obligado cumplimiento para el personal con acceso a los datos de carácter personal.

En la siguiente tabla se muestran los tipos de datos que pertenecen al nivel de seguridad medio y las medidas de seguridad que se deben aplicar:

Nivel de seguridad medio	
Tipos de datos	**Medidas de seguridad que se deben aplicar**
- Infracciones administrativas - Infracciones penales - Información sobre patrimonio - Información sobre solvencia económica - De Hacienda - De servicios financieros.	- Todas las medidas de nivel básico - Designar un responsable de seguridad - Auditoría de seguridad bianual - Medidas de identificación y autenticación para acceder a los datos - Control de acceso físico - Gestión de soportes y documentos

Recuerde

Los niveles de seguridad son acumulativos, de forma que el nivel de seguridad medio debe cumplir las medidas de seguridad de los niveles básico y medio.

En la siguiente tabla se muestran los tipos de datos que pertenecen al nivel de seguridad alto y las medidas de seguridad que se deben aplicar:

Nivel de seguridad alto	
Tipos de datos	**Medidas de seguridad que se deben aplicar**
- Ideología - Religión - Afiliación sindical - Creencias - Origen racial - Salud - Vida sexual - Violencia de género - Recabados para fines policiales	- Todas las medidas de nivel básico y medio - Registro de acceso a los datos - Medidas adicionales de seguridad en las copias de respaldo - Cifrado de datos para las comunicaciones - Gestión y distribución de soportes

La Agencia Española de Protección de Datos

La Agencia Española de Protección de Datos (AEPD) tiene la función principal de velar porque se cumplan las leyes sobre protección de datos y controlar la forma en que se aplican. Algunas de sus funciones son:

- Atender peticiones y reclamaciones relativas a protección de datos.
- Garantizar los derechos de las personas en las comunicaciones.
- Informar a los ciudadanos sobre sus derechos relacionados con el tratamiento de sus datos personales.
- Elaborar normas y recomendaciones para cumplir con la legislación vigente.

- Sancionar a quienes no traten correctamente los datos de carácter personal.
- Autorizar la transferencia internacional de datos.

El Registro General de Protección de Datos, perteneciente a la AEPD, es el órgano encargado de informar sobre la existencia de los ficheros y el tratamiento de datos personales para poder ejercer los derechos de información, acceso, rectificación y cancelación de los datos.

Con la legislación anterior, las empresas públicas y las empresas privadas estaban obligadas a inscribir todos sus ficheros con datos de carácter personal en el Registro General de Protección de datos, así como sus modificaciones.

No obstante, a partir del 25 de mayo de 2018, con la entrada en vigor del Reglamento (UE) 2016/679, desaparece la obligación de inscribir los ficheros en el Registro de Ficheros de la AEPD, tanto de responsables públicos como privados.

Infracciones y sanciones

El órgano encargado del cumplimiento de la LOPDGDD es la Agencia Española de Protección de Datos (AEPD). Se establecen distintas sanciones en función del tipo de infracción cometida. Estas pueden ser:

- Leves, con sanciones de hasta 40.000 €. No hay sanción mínima.
- Graves, con multas de hasta 10 millones de euros o el equivalente al 2 % del volumen de negocio total anual global, debiendo aplicar la cuantía más elevada. La sanción mínima está entre 40.001 € y 300.000 €.
- Muy graves, con multas de hasta 20 millones de euros o el equivalente al 4 % del volumen de negocio total anual global, debiendo aplicar la cuantía más elevada. La sanción mínima es de 300.000 €.

Recuerde

La LOPDGDD no se aplica solo a ficheros de datos, también es aplicable a documentos impresos en papel, grabaciones de audio y videos.

Aplicación práctica

Una empresa de formación quiere guardar una ficha de todos los clientes que soliciten información sobre alguno de los cursos que imparten. El objetivo es enviar información sobre nuevos cursos y ofertas o promociones especiales. Se quiere almacenar el nombre, apellidos, DNI, teléfono, dirección y correo electrónico de cada uno de los clientes.

Explique el proceso que hay que realizar para poder crear y administrar este fichero con los datos de acuerdo con la normativa vigente de protección de datos. Indique también la forma correcta de realizar la recogida de los datos.

SOLUCIÓN

Para poder recoger los datos hay que informar al cliente sobre:

I La identidad del responsable del tratamiento y de su representante, en este caso, la empresa de formación.
I La finalidad del tratamiento, en este caso es el envío de ofertas comerciales.
I La posibilidad de ejercer los derechos de acceso, rectificación, supresión, limitación del tratamiento, portabilidad y oposición y el procedimiento que debe seguir si quieren ejercer estos derechos.

Actividades

1. Busque información sobre la lista Robinson. ¿Para qué sirve? ¿Cómo puede alguien inscribirse en esa lista?
2. Una persona tiene un blog personal en internet. ¿Debe aplicar la LOPDGDD? ¿Por qué?

2.2. Legislación vigente en materia de comercio electrónico

La Ley 34/2002, de 11 de julio, de Servicios de la Sociedad de la Información y de Comercio Electrónico (LSSICE), establece el marco jurídico para garantizar que las actividades comerciales realizadas a través de internet tienen la misma validez que las desarrolladas en un entorno físico. Se creó incorporando las Directrices Europeas 2000/31/CE sobre comercio electrónico y 98/27/CE sobre el cese de servicios por conductas que van en contra de los derechos del consumidor.

Sabía que...

Un billete de avión comprado por internet genera un documento electrónico que justifica el contrato y tiene la misma validez que uno realizado en papel.

La LSSICE gira sobre el concepto de servicios de la sociedad de la información. Este concepto se refiere a los servicios que representan una actividad económica para el prestador, siendo este cualquier persona física o jurídica que ofrezca sus servicios por vía telemática. Regula la forma en que deben actuar las empresas con webs donde se realicen actividades económicas, como venta *online,* contratación de servicios, alojamiento, publicidad, y también sobre las notificaciones comerciales por medios electrónicos, como *e-mails* con publicidad o mensajes de texto SMS.

Esta ley también establece las condiciones de los contratos electrónicos. La presentación de documentos en formato electrónico es suficiente desde el punto de vista jurídico para demostrar que existe un contrato, y por tanto tienen la misma validez que los realizados en papel.

Obligaciones de la LSSICE

Según el tipo de negocio la LSSICE establece una serie de obligaciones. Las obligaciones que se deben cumplir se describen a continuación.

Obligación general de informar

En la página web debe aparecer un enlace con el título "Información Legal", "Cumplimiento LSSI", o algo similar con la siguiente información:

- Nombre o denominación social, dirección, correo electrónico y número de teléfono.
- Número de inscripción del registro donde está inscrito el negocio (Registro Mercantil, de asociaciones, de sociedades, o el registro público que le corresponda).
- Precio de los productos, especificando también el importe de los impuestos y gastos de envío.
- Datos de la autorización administrativa en caso de necesitarla para realizar su actividad, como datos de colegiación o datos profesionales.
- Códigos de conducta al que estén adheridos. En caso de adherirse a códigos de conducta serán accesibles por vía telemática, y se debe informar a los usuarios sobre cuáles son y la forma de consultarlos.

? Sabía que...

Un código de conducta describe, en un documento, los derechos básicos y las normas de comportamiento que una empresa se compromete a respetar en sus relaciones con los usuarios. La ley dice que las Administraciones Públicas deberán fomentar la elaboración de códigos de conducta, pero la adhesión de una empresa a un código de conducta es voluntaria.

Obligaciones en caso de usar *software* que use líneas de teléfono de tarificación especial

En este caso se necesita el consentimiento previo y expreso del usuario. El prestador del servicio debe proporcionar como mínimo la siguiente información:

■ Características del servicio que ofrece.
■ Indicar las acciones que realizarán los programas descargados, incluyendo el número de teléfono marcado.
■ Cómo finalizar la conexión de tarificación especial y volver a usar el número de conexión original.

Obligaciones en caso de recoger datos del usuario

Hay que informar al usuario en los siguientes casos:

■ Si se utilizan *cookies* o cualquier otra herramienta para recoger y almacenar datos en el navegador o en el dispositivo del usuario.
■ Informar previamente sobre el tratamiento de los datos según la LOPDGDD y pedir el consentimiento expreso del usuario antes de su uso.

Obligaciones en caso de proveedores de servicios de intermediación

Tanto los prestadores de servicios de acceso a internet como los de correo electrónico tienen la obligación de informar en su página web sobre:

■ Las medidas técnicas que aplican para protegerse de virus, filtros contra *spam,* restricciones de acceso y filtros de contenidos.
■ Las responsabilidades que podrían recaer sobre el usuario por utilizar los servicios con fines ilícitos.

Sabía que...

Las empresas de intermediación no son responsables de los contenidos que alojan, pero sí tienen responsabilidad cuando tienen conocimiento de la existencia de material ilegal y no lo retiran o impiden su acceso.

Obligaciones en caso de realizar contratos online

Si el prestador de servicio realiza contratos *online* debe proporcionar la siguiente información antes de iniciar el proceso de contratación:

■ Los pasos que se deben seguir para realizar el contrato *online.*
■ Si el prestador del servicio va a guardar el documento del contrato electrónico y si será accesible.
■ Medidas técnicas que se tomarán para evitar y corregir errores al introducir los datos.
■ Idiomas en los que se podrá realizar el contrato.
■ Condiciones generales del contrato.
■ Una vez realizado el contrato se debe confirmar al cliente la aceptación por medio de un acuse de recibo. Esto puede realizarse por correo electrónico u otro medio equivalente siempre que pueda ser archivado por el destinatario.

Obligaciones para comunicados comerciales

En caso de empresas que envían publicidad por medios electrónicos se tienen las siguientes obligaciones:

- El anunciante debe identificarse claramente.
- Se debe incluir la palabra "publicidad" o "publi" para indicar claramente que es un mensaje de publicidad.
- El destinatario de los mensajes debe haber dado su autorización previamente.
- Disponer de un procedimiento sencillo de revocación del consentimiento del usuario.
- Cuando se anuncien ofertas, concursos, o juegos promocionales se debe indicar claramente su naturaleza y las condiciones de participación.

 Sabía que...

La LSSI complementa a la LOPDGDD en lo que respecta a las comunicaciones comerciales por vía electrónica.

Infracciones y sanciones

El incumplimiento de la ley supone tener que enfrentarse a sanciones económicas. La cuantía de estas sanciones se impone teniendo en consideración aspectos como la intencionalidad, duración de la infracción, reincidencia y los perjuicios causados o beneficios obtenidos. La LSSICE clasifica las infracciones en:

- Leves, con multas de hasta 30.000 €.
- Graves, con multas que van de los 30.001 € a los 150.000 €.
- Muy graves, con multas entre 150.001 € y 600.000 €.

En casos de infracciones graves o muy graves se pueden aplicar medidas provisionales para evitar el mantenimiento de los efectos de la infracción, como suspensión temporal del servicio, cierre, o incautación de archivos y soportes.

 Aplicación práctica

Una empresa de formación dispone de una página web en internet donde vende cursos online. La página utiliza cookies y dispone de un formulario web para recoger los datos de los clientes. Además de la venta de los cursos online envía publicidad con información de sus cursos y ofertas puntuales a todos sus clientes. Ya cumple con la LOPDGDD pero ahora necesita ayuda para cumplir con la LSSICE.

¿Qué debería tener en cuenta para ajustarse a esta ley y cumplir sus obligaciones?

SOLUCIÓN

Como se va a dedicar a la venta de cursos online se trata de un comercio electrónico, debe aplicar la LSSICE, y hay que tener en cuenta una serie de puntos para incluirlos en la página web en caso de que no existieran.

Obligaciones generales de información: en la página web debe aparecer un enlace con el título "Información Legal" o "Cumplimiento LSSI" donde aparezca la siguiente información:

I Nombre o denominación social, dirección, correo electrónico y número de teléfono de la empresa.
I Número de inscripción en el registro público que le corresponda.
I Códigos de conducta al que estén adheridos (si lo están).
I Hay que indicar claramente el precio de los cursos, detallando si tienen los impuestos incluidos en el precio.
I Si existen cursos en promoción hay que especificar claramente las condiciones.

Obligaciones en caso de recoger datos del usuario: hay que informar al usuario sobre:

I El uso de cookies que almacenan datos en el navegador del cliente.
I En el formulario web hay que informar previamente sobre el tratamiento de los datos según la LOPDGDD y pedir el consentimiento expreso del usuario antes de guardar los datos.

Continúa en página siguiente >>

<< Viene de página anterior

Obligaciones para comunicados comerciales: para el envío de publicidad hay que tener en cuenta que antes de poder hacerlo es necesario que el cliente haya dado su consentimiento.

I Al enviar los mensajes la academia debe identificarse claramente como remitente y además debe especificar claramente que se trata de un mensaje publicitario incluyendo la palabra "publicidad" o "publi".
I Se debe establecer un mecanismo sencillo para que los clientes que lo deseen puedan revocar su consentimiento a recibir la publicidad.

Actividades

3. Si se recibe spam continuamente desde una misma dirección, ¿qué se podría hacer para evitarlo?
4. Reflexiones sobre si una página web personal debe aplicar la LSSICE. ¿Por qué?
5. Busque noticias sobre alguna infracción de la LSSICE. ¿Cuál fue el motivo? ¿Qué sanción se impuso?

2.3. Legislación vigente en materia de protección de la propiedad intelectual

La propiedad intelectual otorga un reconocimiento a los autores de las obras. Además permite al autor, o titular de los derechos, la explotación de sus obras y obtener los beneficios económicos correspondientes. La ley que regula la propiedad intelectual es la Ley de Propiedad Intelectual (LPI), se aprobó en el Real Decreto Legislativo 1/1996. Otros textos relacionados con la propiedad intelectual son:

■ Ley 19/2006, de 5 de junio, que amplía los medios de tutela de los derechos de propiedad intelectual. En esta ley se incorpora también la directiva europea 2004/48/CE que establece normas para facilitar la aplicación de diversos reglamentos comunitarios.

■ Ley 23/2006, de 7 de julio, que modifica el texto de la Ley de Propiedad Intelectual e incorpora la directiva europea 2001/29/CE. Armoniza aspectos relacionados con los derechos de autor y derechos relacionados con la sociedad de la información.

Recuerde

La propiedad intelectual es un incentivo a la creación de nuevas obras y a la investigación.

La entidad encargada de velar por la protección de la propiedad intelectual es el Ministerio de Cultura, y la define de la siguiente forma:

La propiedad intelectual es el conjunto de derechos que corresponden a los autores y a otros titulares (artistas, productores, organismos de radiodifusión, etc.) respecto de las obras y prestaciones fruto de su creación.

La ley protege las obras desde el momento de su creación, sin que sea obligatorio que el autor realice ningún procedimiento formal. De cualquier forma, es conveniente inscribir la obra en el Registro de la Propiedad Intelectual. La inscripción proporciona una prueba de que los derechos pertenecen al titular y además da publicidad a los derechos inscritos.

Sabía que...

La Declaración Universal de los Derechos Humanos reconoce los derechos de autor como uno de los derechos humanos fundamentales.

Para el registro de una obra es necesario presentar una solicitud en el Registro de la Propiedad Intelectual y pagar unas tasas. Utilizar obras protegidas sin la autorización de los titulares de los derechos puede suponer una infracción de los derechos de propiedad intelectual. Para indicar que una obra está sujeta a derechos de autor se suele utilizar la palabra *Copyright* o el símbolo "©".

Internet es actualmente un gran medio de difusión donde se crea y comparte cultura constantemente y es una tendencia en alza. Por tanto, la propiedad intelectual afecta directamente a este medio de comunicación. La piratería es uno de los grandes problemas a los que se enfrentan los autores. Las infracciones por piratería se castigan con multas y con penas de prisión en los casos más graves. Existen medidas tecnológicas para impedir o restringir al usuario la reproducción de obras protegidas si no cuentan con la autorización correspondiente.

Existe el concepto de "copia privada", que no es un derecho, es un límite al derecho de reproducción. Este límite permite que las personas puedan realizar copias de obras protegidas sin tener que pedir la autorización a su titular. Para compensar el perjuicio económico de la realización de las copias privadas para uso privado se establece una compensación económica. En España tienen obligación de pagar los fabricantes de equipos y soportes que permitan la reproducción de obras y los usuarios finales de esos productos.

3. Enumerar los puntos principales a tener en cuenta

Queda de manifiesto la importancia de cumplir las obligaciones que imponen las leyes vigentes relacionadas con el tratamiento de datos, y el no hacerlo puede suponer recibir fuertes sanciones.

Los puntos más importantes para cumplir con la LOPDGDD son:

- Obtener el consentimiento de los usuarios para obtener y almacenar sus datos. Para cumplir este requisito se debe incluir un aviso en cualquier formulario de recogida de información donde se le pida autorización al usuario.
- Es necesario proteger los ficheros de datos, tanto de forma física, impidiendo accesos no autorizados, como de forma lógica, realizando las

copias de seguridad y tomando las medidas oportunas. Todo esto debe quedar registrado en el Documento de Seguridad.

Los puntos importantes para cumplir con la LSSICE para una empresa que opere en internet son:

- Incluir en la página web los datos de contacto obligatorios.
- Incluir también los datos de inscripción en el registro correspondiente.
- Es necesario incluir las condiciones de uso de la página web.
- Indicar los precios de los productos de forma clara.
- Datos de la autorización administrativa, en caso de necesitarla.

Respecto a la Ley de Propiedad Intelectual es importante saber que no se pueden realizar copias de creaciones protegidas por la ley, y en caso de ser creaciones propias, aunque se puedan registrar, no es necesario realizar el registro para que las obras propias estén protegidas.

Recuerde

La Ley de Propiedad Intelectual protege las obras desde el momento en que se crean.

4. Resumen

La Ley Orgánica 3/2018, de 5 de diciembre, de Protección de Datos Personales y garantía de los derechos digitales (LOPDGDD) establece las normas en la recogida, tratamiento, cesión y borrado de los datos de carácter personal de los usuarios y proteger su privacidad. El organismo que controla y sanciona los incumplimientos de esta ley es la Agencia Española de Protección de Datos.

La Ley de Servicios de la Sociedad de la Información y de Comercio Electrónico (LSSICE) regula las actividades económicas que se realizan a través de internet, así como las notificaciones comerciales a través de medios electrónicos que se envían a los clientes.

La Ley de Propiedad Intelectual protege las creaciones originales artísticas, literarias o científicas producidas sobre cualquier medio, ya sean libros escritos, obras musicales o audiovisuales.

Estas leyes suponen una actualización necesaria a los tiempos actuales y contribuyen a garantizar los derechos de los usuarios, evitando abusos en la privacidad con el uso de sus datos personales, y aumentando la seguridad y confianza en las operaciones comerciales a través de internet.

Ejercicios de repaso y autoevaluación

1. **Respuesta múltiple. ¿En qué casos no es aplicable la LOPDGDD?**

   a. Ficheros de datos de carácter personal tratados en un colegio.
   b. Ficheros con material clasificado.
   c. Ficheros de personas físicas utilizados exclusivamente de forma personal.
   d. Ficheros de datos para enviar comunicaciones comerciales.

2. **Los datos personales son:**

   a. El nombre completo de una persona.
   b. Cualquier información perteneciente a personas físicas identificadas o identificables.
   c. El nombre y DNI de una persona.
   d. Información privada que una persona no quiere dar a conocer.

3. **Según la LOPDGDD, la sanción máxima para las infracciones de carácter muy grave es de:**

   a. 100.000 euros.
   b. 40.000 euros.
   c. 300.000 euros.
   d. No hay sanción máxima.

4. **Uno de los principios de la LOPDGDD es el derecho de _____, que protege la intimidad y otros derechos fundamentales de los ciudadanos estableciendo las condiciones en las que se deben recoger, tratar y ceder los datos de carácter personal.**

   a. información en la recogida de datos
   b. acceso
   c. rectificación de datos personales
   d. limitación de datos personales

5. Especifique cuáles son los derechos ARCO ampliados y en qué consisten.

_____
_____
_____
_____
_____
_____
_____

6. ¿Qué derecho permite al interesado que sus datos personales contenidos en ficheros sean eliminados definitivamente?

    a. El derecho de acceso.
    b. El derecho de información.
    c. El derecho de rectificación
    d. El derecho de supresión.

7. Identifique el nivel al que corresponden los siguientes tipos de datos:

TIPOS DE DATOS	NIVEL DE SEGURIDAD
Apellidos	
Religión	
Sobre solvencia económica	
Profesión	
Salud	
Infracciones penales	

8. **¿Qué medidas de seguridad debe cumplir un fichero que ha sido clasificado como de nivel de seguridad medio?**

    a. Debe cumplir las medidas de seguridad de nivel básico.
    b. Debe cumplir las medidas de seguridad de nivel medio.
    c. Debe cumplir las medidas de seguridad de nivel básico y medio.
    d. Debe cumplir las medidas de seguridad de nivel alto.

9. **Según la LOPDGDD, indique el nivel o niveles de seguridad de ficheros donde hay que aplicar obligatoriamente las siguientes medidas de seguridad:**

    ▮ Obligación de cifrar los datos en telecomunicaciones.
    ▮ Disponer de un registro de incidencias.
    ▮ Auditorías de seguridad bianuales.
    ▮ Obligación de identificación para acceder a los datos.
    ▮ Nombrar a un responsable de seguridad.
    ▮ Realizar copias de seguridad.
    ▮ Formación del personal.
    ▮ Disponer de un documento de seguridad.

NIVELES DE SEGURIDAD DONDE SE DEBEN APLICAR	MEDIDAS DE SEGURIDAD
Medio y alto	
Medio y alto	
Básico, medio y alto	
Medio y alto	
Básico, medio y alto	
Alto	
Básico, medio y alto	
Básico, medio y alto	

10. Una empresa guarda datos de sus clientes en un fichero electrónico. ¿Está obligada a inscribir el fichero en algún registro?

_____

_____

_____

_____

_____

_____

11. De las siguientes medidas, ¿cuáles son obligatorias para empresas que trabajen con datos de nivel medio?

I Cifrar los datos en las comunicaciones.
I Hacer copias de seguridad de los datos.
I Mantener un registro de incidencias.
I Disponer de un documento de seguridad.
I Realizar auditorías de seguridad cada dos años.
I Mantener un control de acceso físico para el personal autorizado.

_____

_____

_____

_____

_____

_____

12. La sanción mínima de la AEPD por el incumplimiento de la LOPDGDD es de...

a. ... 600 €.
b. ... 60 €.
c. ... 900 €.
d. ... 40.000 €.

13. Complete los espacios libres de las siguientes oraciones:

a. Si quiere presentar una petición o _____ relativa a la protección de datos debe dirigirse a la _____.

b. La _____ otorga un reconocimiento a los autores de las obras y permite al autor o al titular de los hechos la explotación de sus obras y obtener los beneficios económicos correspondientes.

c. Según la _____ es obligatorio que en la página web de un negocio de comercio electrónico aparezcan los datos de contacto.

14. ¿Cuál es la entidad encargada de velar por la protección de la propiedad intelectual?

a. La Agencia Española de Protección de Datos, AEPD.

b. La Ley de Servicios de la Sociedad de la Información y de Comercio Electrónico, LSSICE.

c. El Ministerio de Cultura.

d. El Ministerio de Justicia.

15. Para que una obra esté protegida...

a. ... debe ser registrada en el Registro de la Propiedad Intelectual.

b. ... debe ser registrada en la AEPD.

c. ... la Ley de Propiedad Intelectual (LPI) protege la obra sin necesidad de que esté registrada.

d. ... si está en internet no se puede proteger.

Capítulo 3
Alternativas a las copias

Contenido

1. Introducción

Actualmente, tanto las empresas como los usuarios domésticos guardan grandes cantidades de datos en sus ordenadores. En el caso de las empresas a veces no es suficiente con proteger la información, sino que es necesario, además, asegurar el poder acceder a esos datos en todo momento. Muchas tareas en las empresas están automatizadas, en parte o totalmente, y una caída del servicio puede suponer grandes pérdidas económicas. La disponibilidad del servicio es un aspecto muy importante que hay que tener en cuenta al contratar servicios a través de internet. No se puede confiar toda la seguridad de los datos de una empresa a una estrategia de copias de seguridad, es necesario complementarlo con planes para garantizar el servicio.

Existen diversas soluciones que se pueden implementar para conseguir garantizar la disponibilidad del servicio en caso de que se produzca un problema en el sistema. De esta forma los usuarios podrían seguir haciendo uso de los servicios y accediendo a los datos sin percatarse de que ha ocurrido un problema. Para ayudar en esta tarea se usa redundancia *hardware* y herramientas *software* especializadas en seguridad.

2. Distinguir entre salvaguarda de datos y disponibilidad del servicio

Para salvaguardar los datos se utilizan las copias de seguridad, que es algo imprescindible en cualquier plan de seguridad de una empresa. En seguridad informática se puede distinguir entre seguridad pasiva y seguridad activa, dependiendo del tipo de medidas que se toman ante las incidencias:

- **Seguridad activa:** son medidas de seguridad que intentan evitar que se produzcan daños en los sistemas.
- **Seguridad pasiva:** son medidas de seguridad que intentan minimizar los daños de los datos y los sistemas una vez que ya se han producido.

? Sabía que...

El uso de contraseñas, control de acceso, cifrado de datos y establecer cuotas de disco son técnicas de seguridad activa que intentan evitar que se produzcan daños.

Tanto la realización de copias de seguridad como las medidas para garantizar la disponibilidad de los servicios son medidas de seguridad pasivas. Las técnicas de seguridad pasiva se deben poner en práctica antes de que aparezcan los problemas, pero es cuando se producen los fallos cuando estas técnicas permiten minimizar los daños.

Salvaguardar los datos mediante copias de seguridad consiste en proteger los datos para que no se pierda información en caso de producirse un desastre. En ese momento, tras producirse la pérdida de los datos originales, se puede recurrir a la copia y restaurar los sistemas. Pero en el proceso de restauración el sistema estaría fuera de servicio mientras se sustituyen los discos o se ofrece un acceso alternativo a la nueva ubicación de los datos.

La disponibilidad es la capacidad de un sistema, servicio o datos de poder acceder a ellos y ser usados por los usuarios o procesos autorizados cuando se requiera. Trata de que la información pueda ser recuperada cuando se necesite, evitando que se pierda o que no se pueda acceder a ella.

La diferencia principal entre salvaguarda de datos y la disponibilidad del servicio es que mediante las técnicas de disponibilidad se pretende conseguir acceso inmediato a los sistemas o datos perdidos por algún problema. En cambio, las técnicas de copias de seguridad no se preocupan de que los datos estén disponibles todo el tiempo.

Hay empresas que por la naturaleza de su negocio no pueden permitirse la más mínima interrupción de los sistemas informáticos.

Sabía que...

Los sistemas de los bancos o los servicios sanitarios en un hospital deben ofrecer disponibilidad permanente de sus servicios y no se pueden permitir cortes en dichos servicios.

Las interrupciones del servicio pueden ser ocasionadas por causas muy distintas, algunas de estas causas pueden ser:

- Cortes en el suministro eléctrico.
- Errores de *hardware.*
- Errores de *software.*
- Virus informáticos.
- Fallos en la red de datos.
- *Hackers.*
- Errores humanos.
- Sabotajes o robos.
- Desastres naturales, como incendios o inundaciones.

Las interrupciones en muchos casos son inesperadas y no se pueden predecir, por este motivo hay que estar preparado para que ocurran en cualquier momento y evitar que las consecuencias sean muy perjudiciales. El tiempo que se tarda en reaccionar ante una interrupción es muy importante y los daños serán mayores cuanto más tiempo se tarde en reaccionar.

Nota

Es muy importante realizar un análisis de posibles riesgos para los sistemas que necesiten alta disponibilidad y adoptar medidas que reduzcan sus consecuencias negativas.

La disponibilidad permite el acceso a los elementos de un sistema informático de forma permanente para que los usuarios puedan acceder a los datos y servicios con la frecuencia que necesiten. Esto es más importante en los sistemas que ofrecen servicio permanente a los usuarios.

Actividades

1. Piense algunos casos donde sea necesario asegurar la disponibilidad del servicio permanentemente. ¿Por qué es necesario?
2. Desde su punto de vista, ¿qué es más importante, salvaguardar los datos, o asegurar la disponibilidad del servicio? ¿Son independientes? Razone la respuesta.

3. Enumerar las alternativas para garantizar la disponibilidad del servicio

La base para garantizar una alta disponibilidad está en la aplicación de técnicas de seguridad pasiva, algunas de ellas son:

- Realizar copias de seguridad.
- Ubicación adecuada de los sistemas.
- Acondicionamiento físico adecuado de los sistemas.

Recuerde

La disponibilidad es la capacidad de que servicios y datos se encuentren operativos en todo momento para que puedan acceder los usuarios.

Para sistemas donde se necesita mayor seguridad y disponibilidad existen otras opciones adicionales:

■ Instalación de *hardware* redundante para permitir la continuidad del servicio en caso de fallo. En el supuesto de avería de uno de los componentes otro entra en funcionamiento automáticamente sustituyendo al componente dañado. Son ejemplos de componentes redundantes las fuentes de alimentación, dispositivos de red o equipos servidores.

■ Almacenamiento redundante de la información en distintas ubicaciones para conseguir que se pueda recuperar la información siempre que se necesite, evitando su pérdida o falta de acceso. Son soluciones de este tipo los sistemas RAID de almacenamiento y el disponer de centros de procesamiento de datos redundante en distintas localizaciones geográficas.

■ Medios de comunicación redundantes para evitar pérdidas de conexión de datos. Muchas empresas cuentan con varias líneas de conexión a internet independientes para mantener su conectividad entre oficinas aunque una de las líneas falle.

■ Redundancia y distribución del procesado. Mediante los sistemas de clústeres se pueden agrupar servidores, permitiendo que se pueda realizar un escalado en la capacidad de procesamiento y almacenamiento.

■ Virtualización. Esta técnica consiste en ofrecer varios servidores dedicados que realmente están funcionando dentro de una única máquina real.

 Sabía que...

La disponibilidad no se puede garantizar siempre al 100 %.

3.1. Diseñar alternativas en clúster

El término clúster en informática se refiere a un grupo de ordenadores unidos mediante una red de alta velocidad que funcionan conjuntamente y que se comportan como si fueran un único ordenador trabajando. De esta forma el conjunto de ordenadores es visto como un único ordenador, pero mucho más potente que un ordenador común. Normalmente se utilizan para mejorar el rendimiento y la disponibilidad.

Para crear un clúster de ordenadores y que funcionen como tal, no es suficiente con conectarlos entre sí. Es necesario disponer de un *software* que permita controlar el clúster y que se encargue de optimizar su funcionamiento.

Los sistemas en clúster han evolucionado mucho en los últimos años y se utilizan en muchos ámbitos como en servidores web, tareas de cómputo, comercio electrónico, bases de datos de alto rendimiento y en *software* especializado, entre otros usos. A esto ha contribuido la existencia de procesadores muy potentes a precios económicos, las redes de alta velocidad y el desarrollo de herramientas *software* para realizar tareas de cómputo distribuido.

Recuerde

La popularización de los clúster surge por la necesidad, cada vez mayor, de potencia computacional a precio económico.

Las empresas utilizan un clúster de servidores que se montan para trabajar conjuntamente como si se tratara de un único servidor. Los servidores se unen mediante una red de alta velocidad y en apariencia se ven como si fuera un único servidor, pero mucho más potente que un servidor normal.

Se pueden reciclar equipos antiguos, o que ya no se usan, para montar un clúster de servidores y aprovechar su capacidad de procesamiento conjunta.

Clúster de ordenadores

Sabía que...

Una de las ventajas de los sistemas en clúster es que no hace falta que todos los equipos tengan un *hardware* común, ni siquiera es necesario que usen el mismo sistema operativo.

La utilización de sistemas en clúster ofrece muchos beneficios, pero el objetivo principal es conseguir alguna de estas características o combinaciones de ellas:

- Alta disponibilidad.
- Alto rendimiento.
- Escalabilidad.
- Balanceo de carga.

Sabía que...

Las grandes empresas que ofrecen servicios en internet disponen de clústeres formados por miles de ordenadores.

Dependiendo de cuáles de estos servicios sea el objetivo principal, los clústeres se pueden clasificar en varios tipos:

- **De alta disponibilidad.** El objetivo principal en su diseño es mantener disponibles los servicios ofrecidos por el clúster de forma que ofrezcan una gran confianza de funcionamiento y ausencia de cortes en el servicio. Para conseguirlo se utiliza *hardware* redundante, de forma que si uno de los dispositivos falla por una avería siempre habrá otro similar que se encargará del trabajo, garantizando la disponibilidad del servicio de forma transparente para el usuario. Además de *hardware* redundante se utiliza *software* especializado para detectar fallos y recuperarse de estos fallos.
- **De alto rendimiento.** Los clústeres de alto rendimiento realizan tareas que necesitan de gran capacidad de cómputo y gran cantidad de memoria. Durante la ejecución de las tareas los recursos del clúster pueden estar ocupados de forma exclusiva por una tarea durante largos periodos de tiempo.

Clúster de ordenadores en las instalaciones de la NASA

- **De alta eficiencia.** En este caso, si se habla de tareas que son independientes entre ellas el objetivo principal es conseguir que se realice la mayor cantidad de tareas posibles en el menor tiempo posible. En este tipo de clústeres no se considera un problema grave que exista retardo entre los nodos del clúster.

? Sabía que...

Los ámbitos de utilización más comunes de los clústeres de servidores son en infraestructuras comerciales que demandan servicios de alta disponibilidad y alta eficiencia y en ámbitos científicos donde se requiere alto rendimiento y gran capacidad de cálculo.

En la construcción de un clúster se puede distinguir una serie de componentes básicos que siempre están presentes:

- **Nodo.** Se le llama nodo a cada una de las máquinas que componen un clúster.
- **Almacenamiento.** El sistema de almacenamiento que se utiliza en un clúster puede ser de varios tipos. Pueden usarse discos duros en el interior de cada uno de los ordenadores, o pueden usarse sistemas de almacenamiento externo como discos duros en red.
- **Sistema operativo.** El sistema operativo utilizado debe ser multiproceso y multiusuario. Debe permitir trabajar con clústeres, y existen soluciones con sistemas operativos de *Microsoft* y *Linux*.
- **Conexiones de red.** Aunque se pueden utilizar conexiones de red Ethernet tradicionales, lo mejor es utilizar sistemas de alta velocidad como *Fast Ethernet, Gigabit Ethernet,* u otras más rápidas.
- ***Middleware.*** Es un tipo de *software* que actúa como intermediario entre el sistema operativo y las aplicaciones. Ofrece la posibilidad de que el usuario vea una interfaz única que da la sensación de estar controlando un único ordenador muy potente. Este *software* también ofrece herramientas de mantenimiento y optimización para permitir tolerancia a fallos, balanceo de carga o detectar que se han conectado nuevos nodos al clúster.

Balanceo de carga
Este concepto se usa en informática para referirse a técnicas que se emplean para repartir equitativamente el trabajo entre varios ordenadores, discos u otros recursos.

Para la construcción de un clúster de ordenadores se pueden utilizar ordenadores diferentes con componentes distintos, pero es recomendable que sean de características comunes porque si no se tiende a enviar las tareas al equipo que tenga mayor capacidad de procesamiento.

3.2. Diseñar alternativas basadas en almacenamiento externo

Almacenar la información de la empresa en sistemas externos permite disponer de una copia de seguridad ante desastres. Pero además si esta copia se encuentra lejos de la copia original estará más segura. Si en esa nueva ubicación la copia es accesible desde cualquier ordenador, desde cualquier parte del mundo, será una solución para conseguir alta disponibilidad de los datos.

Existen muchas empresas dedicadas a ofrecer servicios de realización de copias de seguridad en ubicaciones diferentes y alejadas de los datos originales. La realización de las copias de seguridad externas se pueden contratar con otra empresa o realizarlas en servidores de la propia organización localizados en lugares geográficos alejados de donde se encuentran los servidores y centros de datos principales de la empresa.

Recuerde

Para aumentar la seguridad es conveniente que las copias de los datos guardadas en almacenamiento externo estén alejadas geográficamente de donde se guardan los datos originales.

Si se externaliza la copia es muy importante elegir correctamente la empresa que se va a contratar para confiar el almacenamiento externo de los datos. Hay que asegurarse de que cumple con las expectativas esperadas y que cubre las necesidades de seguridad y disponibilidad acordadas.

Los discos duros externos o discos duros en red pueden ser una alternativa o complemento a la externalización de las copias, aunque no serán tan seguras como estas si están ubicados cerca de las copias originales de los datos. Entre estos tipos de disco se pueden encontrar:

- **Discos duros externos.** Suelen conectarse al ordenador mediante algún puerto como el USB y están junto al ordenador aunque son fácilmente transportables.
- **Discos en red, NAS** *(Network Attached Storage).* Son discos que se encuentran conectados directamente a la red en lugar de a un equipo. Utilizan un protocolo de red como TCP/IP, y se conectan mediante cable de red o incluso de forma inalámbrica. Son una buena solución barata para conseguir tolerancia a fallos y balanceo de carga.

Sabía que...

En muchas empresas se usan soluciones mixtas, realizando copias de seguridad en la nube solo de los dispositivos de teletrabajadores que no están en la oficina.

Por motivos de seguridad hay que tener en cuenta una serie de requisitos importantes para confiar en los sistemas de copia de seguridad en la nube:

- Disponer de un canal cifrado para el transporte de los datos. Esto se consigue usando conexiones que usen un protocolo seguro como SSL *(Secure Sockets Layer)*.
- Contar con un sistema de autenticación seguro para restringir el acceso a los datos.
- Permitir mantener los datos cifrados en el lugar de almacenamiento de forma que estén protegidos y la información sea ilegible para personas no autorizadas.

Además de lo anterior es importante tener en cuenta la disponibilidad del servicio, la capacidad de almacenamiento ofrecida, el cumplimiento de las normativas legales y el tiempo de respuesta ante desastres.

3.3. Diseñar alternativas basadas en copias de imágenes

Crear una imagen del sistema consiste en realizar una copia de seguridad de todo el sistema completo. Esta técnica también se conoce como clonación, porque se hace una copia exacta de una partición o disco. En el caso de las imágenes de sistema lo importante es guardar el sistema en un momento en el que su funcionamiento sea correcto. Si en algún punto el sistema falla, y hay que reinstalar todo el sistema operativo y todo el *software* desde cero, esto supondría varias horas de trabajo. Si se dispone de una imagen del sistema de cuando todo funcionaba correctamente, no será necesario realizar una instalación del sistema operativo, controladores del *hardware* y programas. Se puede restaurar la imagen del sistema directamente con el consiguiente ahorro de tiempo. Este método se suele usar para proteger el sistema y restaurarlo rápidamente en caso de fallo y no tanto para proteger los datos.

Recuerde

Una imagen del sistema se debe realizar en un momento en el que todo el sistema esté bien configurado y todo funcione correctamente.

Este método puede utilizarse en casos donde ha habido un problema con el sistema operativo por cualquier causa, como establecer una configuración errónea, borrado de algún archivo del sistema, o cualquier otro problema que afecte al sistema o *software* instalado.

También se puede utilizar en caso de rotura del disco duro. En este supuesto se puede restaurar la imagen en otro disco nuevo sin necesidad de volver a reinstalar el sistema operativo, *drivers* y *software* adicional desde el principio. Pero hay que tener en cuenta que para poder restaurar correctamente una imagen de un sistema, el *hardware* donde se restaure debe ser idéntico o muy similar al *hardware* donde se realizó la imagen del sistema.

Nota

Realizar una copia de seguridad del sistema no es imprescindible, no es tan importante como realizar las copias de seguridad de los datos. Pero las imágenes del sistema ahorran mucho tiempo en caso de ser necesario volver a instalar el sistema.

Con este método, en caso de producirse algún error, se puede restablecer el sistema a un estado en el que funcionaba correctamente. Para que sea efectivo hay que realizar imágenes del sistema periódicamente, sobre todo si se instala nuevo *hardware* o nuevo *software* en el sistema. Si no se hace así y se produce un error que obligue a restaurar una imagen anterior muy antigua se pierde en rapidez de respuesta para solucionar el problema. Si la imagen restaurada es muy antigua, una vez restaurada se debe instalar todo el *software* y actualizaciones que se añadieron desde la fecha de la creación de la imagen.

Es aconsejable guardar una imagen del sistema del momento inicial, cuando están todos sus componentes y *software* correctamente instalados para poder volver a este estado rápidamente en caso de necesidad. Además de esta copia inicial también se debe guardar, al menos, la última imagen que se realice periódicamente para mantener la imagen actualizada.

Existen aplicaciones *software* para realizar imágenes del sistema. Estas herramientas facilitan la creación y posterior restauración de las imágenes. Algunas de las aplicaciones más comunes son: *Clonezilla o Acronis True Image*. Además estas herramientas pueden programarse para que realicen las imágenes automáticamente en una determinada fecha o cada cierto tiempo.

 Aplicación práctica

Una pequeña empresa contrata sus servicios para instalar el sistema operativo y *software* básico en sus equipos, además le pide asesoramiento para planificar la realización de imágenes del sistema. La empresa cuenta solo con tres ordenadores, que son de características similares y no suele instalar nuevo *software*, solo de vez en cuando. Lo que si hace es actualizar tanto el sistema operativo como el resto de *software* semanalmente. En la empresa tienen especial interés en que el proceso de restaurar el sistema sea rápido.

¿Cuándo sería el mejor momento para realizar imágenes del sistema para que en caso de problemas se pueda restaurar lo más rápidamente posible?

SOLUCIÓN

El mejor momento para realizar imágenes del sistema es cuando el sistema funcione correctamente. Tras instalar el sistema operativo, *drivers* y *software* necesario inicialmente se debe realizar la primera imagen del sistema. En caso de algún problema se podrá volver a restaurar a este momento inicial en solo unos minutos ahorrando horas de trabajo. Además,

Continúa en página siguiente >>

<< Viene de página anterior

como los tres ordenadores son similares se puede restaurar la imagen creada del primer ordenador en los otros dos.

Como se realizan actualizaciones del sistema operativo, y *software* semanalmente, es conveniente realizar también nuevas imágenes todas las semanas. El mejor momento sería después de realizar las actualizaciones semanales, de esta forma en caso de problemas la restauración del sistema será lo más rápida posible.

En la empresa dicen que no suelen instalar *software* nuevo, pero en el supuesto de hacerlo, si se quiere aumentar la velocidad de restauración en caso de fallo se puede realizar una imagen del sistema después de la instalación de cualquier *software* nuevo.

Por seguridad, es conveniente guardar la imagen inicial del sistema y las dos últimas imágenes más recientes.

3.4. Diseñar alternativas basadas en RAID

Un sistema RAID *(Redundant Array of Independent Disks)* es un conjunto redundante de discos independientes. Es un sistema de almacenamiento en el que se utilizan múltiples discos duros. Se emplean para distribuir los datos entre ellos o almacenar datos de forma redundante para conseguir tolerancia a fallos, aumentar la fiabilidad de los datos almacenados, mejorar el rendimiento o aumentar la capacidad.

Existen soluciones *hardware* y *software.* Las soluciones *hardware* son las que ofrecen mayor rendimiento: consisten en tarjetas controladoras que se instalan en el equipo y se encargan de administrar los discos. Mediante las soluciones *software* es el propio sistema operativo el encargado de administrar los discos.

Sabía que...

Una de las ventajas del uso de controladoras *hardware* es que estas suelen soportar sustituciones de discos en caliente. Gracias a esta característica los discos averiados pueden sustituirse sin necesidad de detener el sistema.

Existen varias configuraciones RAID que requieren distinta cantidad de discos y permiten conseguir unas características u otras.

RAID 0, de conjunto dividido

Con esta configuración los datos se distribuyen de forma uniforme entre todos los discos disponibles. No ofrece ningún tipo de redundancia, por lo que en caso de fallo en alguno de los discos la información se pierde.

Ejemplo

Si se dispone de dos discos en RAID 0, los bloques de información se irán almacenando de forma alternativa entre los dos discos, de manera que los bloques impares se guardarán en un disco y los bloques pares en el otro. Para poder reconstruir la información se necesitarán los dos discos.

Su ventaja es que se puede escribir simultáneamente en todos los discos, escribiendo parte de los datos en cada disco, por lo que se consigue aumentar la velocidad de funcionamiento. El tamaño total del conjunto estará limitado por el más pequeño, ya que cada una de las partes debe tener la misma capacidad.

Dos discos en RAID 0 donde la información está repartida en ambos

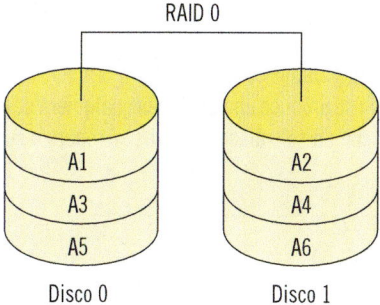

RAID 1, de conjunto en espejo

Con esta configuración se crea una copia exacta del disco principal en otro disco o en múltiples discos. Con este sistema la redundancia de los datos es total para garantizar la disponibilidad de la información en caso de producirse un fallo en alguno de los discos. El grupo de discos se comporta como uno solo y toda la información se escribe en todos ellos. La información que se escribe es la misma en todos los discos. La capacidad de almacenamiento total es igual al tamaño del disco más pequeño de los que están conectados en RAID y el usuario solo ve una unidad de disco. En caso de desastre o fallo de todos los discos simultáneamente se perderían los datos.

Dos discos en RAID 1 donde la información es exactamente la misma en los dos

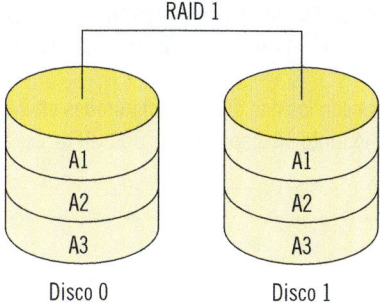

Ejemplo

Se dispone de dos discos configurados con RAID 1. La información se irá guardando de forma idéntica en ambos discos. Si se produce una avería en cualquiera de los dos discos el sistema puede seguir funcionando con un solo disco mientras se repara o sustituye el averiado.

Aplicación práctica

Le piden asesoramiento para diseñar un sistema con necesidades de alta disponibilidad. Se precisa que los usuarios puedan acceder a los datos permanentemente. Si es posible, se desea que en caso de avería de alguno de los discos se pueda solucionar el problema sin tener que detener los sistemas y el servicio. Se dispone de dos discos duros, uno de 500 GB y otro de 1 TB de capacidad.

Indique la manera de cumplir con los requisitos pedidos y la capacidad total de almacenamiento de la que se dispondrá.

SOLUCIÓN

Para cumplir las especificaciones deseadas se pueden utilizar los dos discos duros configurados en RAID 1, en espejo. De esta forma toda la información estará duplicada y será la misma en los dos discos. En caso de que uno de ellos falle el otro tendrá una copia exacta de los datos.

Para que el disco duro averiado pueda ser sustituido en caliente, sin apagar el sistema, se necesitaría una controladora RAID *hardware* que además proporcionará mayor rendimiento.

La capacidad total obtenida con los dos discos configurados en RAID 1 está limitada por el más pequeño de ellos, por lo tanto se dispondrá de 500 GB de espacio.

RAID 5, conjunto dividido con paridad distribuida

Esta configuración permite aumentar la capacidad de almacenamiento y también redundancia de datos. Para utilizar esta configuración se necesitan al menos tres discos. Se dividen los datos en bloques y se distribuyen entre los discos junto con información de control, que suele ser información de paridad. De esta forma en caso de producirse un fallo en alguno de los discos se puede reconstruir la información con los datos contenidos en el resto de discos y la información de paridad. Solo permite recuperar la información si el fallo se produce en un solo disco, en caso de fallos múltiples no se podrá recuperar. Su característica principal es conseguir redundancia de datos a buen precio.

Recuerde

En RAID 5 si se produce una avería en dos discos simultáneamente la información no se podrá recuperar.

Cuatro discos en RAID 5 donde la información es distinta en cada uno y donde alternativamente en cada disco se incluye información de paridad

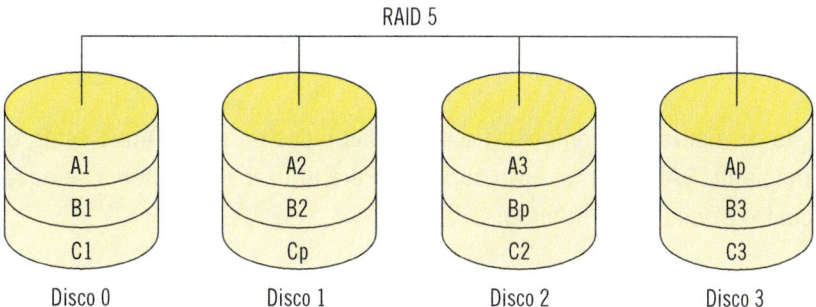

Ejemplo

Si se utiliza una configuración RAID 5 con tres discos, los bloques de datos se guardan en línea en dos de los tres discos, dejando un hueco libre en la misma línea del tercero para guardar el bloque de paridad. Este hueco de paridad irá rotando para cada bloque de información en cada uno de los discos. La paridad se calcula mediante los bloques de datos de la misma línea. El primer bit de paridad será un 1 si existe un número impar de unos en el primer bit de los bloques de la misma línea. Y será un 0 si existe un número par de unos. Se procede de la misma forma con el resto de bits.

Disco 0	Disco 1	Disco 2
A1	A2	Ap
11110000	10100000	01010000

Muchas controladoras RAID permiten anidar niveles RAID. De esta forma un conjunto de discos en RAID puede usarse para formar otro nivel RAID. Cuando se anidan niveles RAID se suele combinar uno que ofrezca redundancia con otro que mejore el rendimiento para conseguir las ventajas de ambas configuraciones.

RAID 0 + 1, espejo de divisiones

Esta configuración combina discos configurados en RAID 0 que están unidos mediante RAID 1 en el nivel superior. Para utilizar este sistema se necesitan cuatro discos como mínimo.

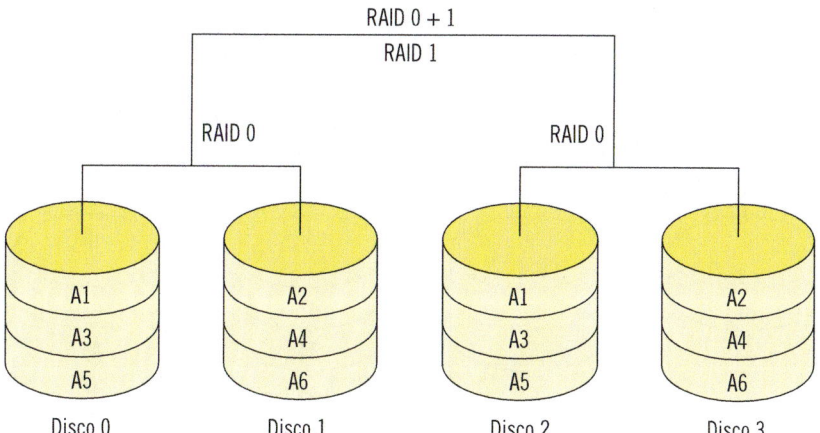

Cuatro discos conectados en **RAID 0 + 1**, o espejo de divisiones

RAID 10, división de espejos

Está formado por conjuntos de discos en RAID 1 unidos con un RAID 0 por encima. Es mejor usar RAID 0 en el nivel superior y situar los discos redundantes en la parte inferior, de esta forma si uno de los discos falla hay que reconstruir menos discos. Así que RAID 10 es más aconsejable que RAID 0 + 1.

Sabía que...

En sus orígenes la ventaja principal del sistema RAID era la posibilidad de combinar varios discos antiguos y de bajo coste para conseguir una unidad con mayor capacidad, fiabilidad y velocidad que un único dispositivo más nuevo y caro.

Cuatro discos conectados en RAID 10, o división de espejos

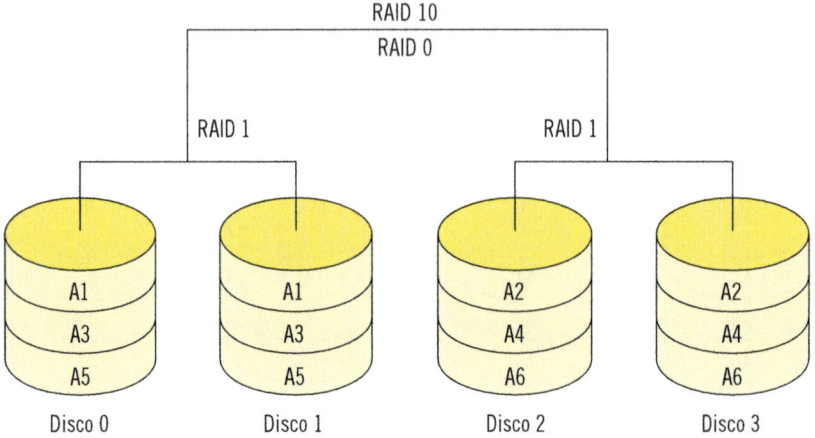

Actividades

3. Señale qué sistema de seguridad utiliza en su empresa o en casa. ¿Cómo podría mejorarse?
4. Reflexione si en caso de que se produzca un fallo en su ordenador podrá recuperar su sistema rápidamente. ¿Y sus archivos?
5. Busque en internet alguna empresa que ofrezca servicios de almacenamiento externo, lea las condiciones del contrato. ¿Qué pasaría en caso de fallo en el servicio? ¿Existe algún tipo de compensación en caso de fallo?

Aplicación práctica

Una empresa le pide asesoramiento: dispone de cuatro discos de 1 TB de capacidad. Por necesidades de su aplicación necesitan una unidad de 2 TB y que el sistema sea seguro y se mantenga disponible ante posibles fallos de uno de los discos.

Continúa en página siguiente >>

<< Viene de página anterior

Le piden asesoramiento para establecer una configuración RAID con varios niveles con los cuatro discos disponibles y los requisitos deseados.

SOLUCIÓN

Para conseguir una unidad de 2 TB se necesita configurar dos discos de 1 TB en RAID 0. Pero para conseguir redundancia y estar protegidos en caso de fallos se necesita RAID 1.

En este caso la mejor opción sería combinar varios niveles RAID para cumplir los requisitos con los discos disponibles. Se puede optar por RAID 10, ya que presenta la ventaja sobre RAID 0 + 1 de que en caso de fallar un disco la redundancia está en el nivel inferior y habría que reconstruir menos cantidad de datos.

Los cuatro discos se conectarían en grupos de dos discos de 1 TB en el nivel inferior, consiguiendo dos unidades de un total de 1 TB redundante cada una.

Estos dos conjuntos RAID 1 de 1 TB se unirán con RAID 0 consiguiendo una unidad total de 2 TB, que estará protegida en caso de que uno de los discos falle.

---

4. Indicar ventajas e inconvenientes de las alternativas para garantizar la disponibilidad del servicio sobre las copias de seguridad

Cada una de las alternativas posibles para garantizar la disponibilidad del servicio tienes sus propias ventajas aunque no están exentas de algunos inconvenientes que hay que conocer para poder valorar cuál es la solución más conveniente en cada caso.

4.1. Ventajas y desventajas de soluciones en clúster

El uso de soluciones clúster ofrece las siguientes ventajas que no ofrecen las copias de seguridad a una empresa:

- Alta disponibilidad para que los archivos y servicios estén disponibles permanentemente.

- Alto rendimiento, permitiendo un acceso rápido a archivos.
- Alta eficiencia, que hace que los recursos sean utilizados de forma óptima.
- Capacidad de almacenamiento escalable, permitiendo aumentar la capacidad disponible a medida que se va necesitando.
- Capacidad de procesamiento escalable, que permite a las empresas aumentar su capacidad de procesamiento en caso de necesitarlo, y utilizando tecnología estándar en *hardware* y *software* que pueden comprarse a un precio bajo.
- Permite reutilizar equipos antiguos o en desuso para aumentar la capacidad de procesamiento y almacenamiento del clúster.

Recuerde

Los clústeres son una solución muy buena que permite a una empresa crecer según sus necesidades reales de procesamiento, ya que se pueden ir añadiendo máquinas conforme se van necesitando.

Si se opta por utilizar una solución en clúster hay que tener en cuenta sus posibles desventajas:

- No es tan seguro en la protección de los datos como los *backups,* por lo que no es una alternativa a las copias de seguridad.
- Es más complicado administrar múltiples máquinas que una sola.
- Se requiere personal que tenga buenos conocimientos de administración de sistemas para administrar todas las máquinas interconectadas.
- Se necesita usar un *software* específico para distribuir la carga de trabajo entre los equipos interconectados.
- Se requiere una mayor atención en la administración. Al existir más componentes los posibles errores y fallos también serán más habituales.
- El espacio físico ocupado por las máquinas es mayor.
- Mayor consumo energético.

■ No existen sistemas operativos distribuidos estables específicos para usar en clústeres que sean escalables y permitan unificar la administración de seguridad y escalabilidad en los clústeres.

4.2. Ventajas y desventajas de soluciones basadas en almacenamiento externo

Disponer de los datos y servicios ofrecidos por la empresa en sistemas externos tiene muchas ventajas. Entre estas ventajas se pueden destacar:

■ Se puede configurar de forma que las copias se realicen automáticamente desde el ordenador de la empresa al servidor remoto. Se puede configurar la periodicidad de las copias y estas se harán de forma automática.

■ Permite prevenir desastres y fallos inesperados.

■ Permite acceder y recuperar los datos desde cualquier ordenador, desde cualquier parte del mundo.

■ Los trabajadores podrían acceder a los datos de la empresa y trabajar desde cualquier sitio.

■ Existen proveedores de estos servicios que están adaptados y cumplen las leyes de protección de datos, facilitando el trabajo en este aspecto.

■ Muchas empresas especializadas ofrecen la posibilidad de guardar los datos de forma segura cifrando la información.

Recuerde

La pérdida de datos o paralización del servicio por no realizar un mantenimiento preventivo es un error que no se debe cometer.

Las desventajas que se pueden señalar de guardar los datos de la empresa de forma externa son:

- Hay que prestar especial cuidado a la seguridad de las comunicaciones y a la forma de almacenar los datos.
- Es necesario comprobar que el proveedor del servicio cumpla los requisitos legales en materia de seguridad y protección de datos.
- No todas las empresas que ofrecen servicios de almacenamiento externo cumplen con las leyes de protección de datos.
- Externalizar los datos implica que se ponen los archivos de la empresa en manos de un proveedor externo.

Recuerde

Todos los sistemas tienen ventajas e inconvenientes, lo mejor, siempre que se pueda, es utilizar varios sistemas simultáneamente para que exista redundancia de datos.

Utilizar discos duros externos o en red puede tener también algunas ventajas sobre la contratación de los servicios a una empresa externa:

- No se depende de una empresa externa.
- Son fáciles de utilizar.
- Los datos están en un dispositivo fácilmente transportable.

El uso de discos externos también tiene algunas desventajas que podrían no recomendar su utilización en algunos casos. Si se utilizan discos duros USB:

- En caso de desastre podrían perderse los datos originales y los del disco externo por encontrarse en el mismo sitio.
- Si las copias se realizan frecuentemente el disco debe conectarse en el ordenador a diario o estar permanentemente conectado. Esto es un riesgo

de seguridad tanto ante desastres como ante robos o sabotajes, por lo que es necesario complementarlo con otras medidas de seguridad.

Si se utilizan discos duros en red se pueden señalar las siguientes desventajas:

- Un corte en la conexión de red ocasiona la pérdida de acceso a los datos del disco.
- Algunos discos duros en red pueden contener *software* propietario y pueden surgir incompatibilidades.
- Es necesaria una configuración de red para su conexión, por lo que resultan algo más complejos que los discos USB.
- Necesitan adaptador de corriente.
- Se puede acceder al disco desde toda la red, por lo que hay que prestar especial atención a la seguridad.

4.3. Ventajas y desventajas de soluciones basadas en copias de imágenes

La realización de imágenes del sistema ofrece una serie de ventajas sobre las copias de seguridad, se pueden destacar:

- Permiten una restauración rápida del sistema.
- En caso de fallo se puede restaurar el sistema de forma completa.
- Permiten hacer una copia exacta del sistema, incluso del sector de arranque, lo que facilita restaurar el sistema en otro disco si el original está averiado.
- Se puede realizar la imagen de un disco de un equipo y restaurarla en otro con las mismas características *hardware*.
- Ahorran tiempo, porque siempre será más rápido restaurar una imagen que formatear, instalar el sistema operativo, *drivers* y aplicaciones.

Recuerde

Es importante que la restauración de una imagen se realice en el mismo equipo donde se hizo, o en otro con idénticas características *hardware*.

Pero la clonación también tiene una serie de inconvenientes si se comparan con las copias de seguridad. Algunas de las desventajas son:

- No son eficientes para realizar copias de seguridad de datos, porque si se quiere recuperar un único archivo hay que restaurar la imagen completa.
- No son eficientes cuando solo se quieren guardar ciertos archivos del sistema, ya que la imagen lo copia todo.
- Al restaurar una imagen el sistema se recupera al mismo instante en el que se realizó la clonación, todos los cambios posteriores desaparecen y habría que volver a instalar o actualizar el *software*.

4.4. Ventajas y desventajas de soluciones basadas en RAID

Distribuir o replicar la información entre varios discos ofrece las siguientes ventajas sobre las copias de seguridad:

- Aumenta la capacidad de almacenamiento. Se puede conseguir una unidad de almacenamiento mayor que la de los discos por separado a un precio más reducido.
- Mayor rendimiento y velocidad. Utilizando una configuración de información distribuida, como RAID 0, se pueden realizar varias operaciones simultáneamente aumentando la velocidad y mejorando el rendimiento en muchos casos.
- Mayor tolerancia a fallos. Con una configuración redundante, como RAID 1, se puede conseguir que ante un fallo en uno de los discos el sistema siga funcionando correctamente y los datos sigan siendo accesibles.

- Mayor seguridad. Al disponer de información duplicada, con una configuración redundante como RAID 1, se aumentan las garantías de integridad de los datos.
- Sistema transparente para el usuario. En configuraciones redundantes ni siquiera se dará cuenta de que ha habido un error en caso de producirse.

Nota

La redundancia no es una solución que garantice siempre la disponibilidad permanente, pero ofrece alternativas ante problemas y reduce las posibilidades de fallos de disponibilidad.

Los sistemas RAID presentan algunas desventajas si se comparan con los sistemas de copias de seguridad. Algunas de estas desventajas son:

- Los sistemas RAID no protegen completamente los datos, ni siquiera cuando se utilizan configuraciones redundantes, y los discos siguen siendo vulnerables a muchos riesgos ante desastres que podrían afectar a todos ellos.
- Si se borran los datos de forma involuntaria se borrarán en todos los discos simultáneamente.
- Si hay que recurrir a herramientas de recuperación de datos estas deben ser compatibles con sistemas RAID. De otra forma los datos podrían no ser recuperables.
- Con RAID 0 el sistema es muy vulnerable a fallos en alguno de los discos.
- Con RAID 1, en espejo, se reduce la capacidad total disponible.

Actividades

6. Reflexione sobre si es más complicado administrar una sola máquina con muchos procesadores, o varias máquinas con un único procesador cada una. Razone la respuesta.
7. Indique si se podrían combinar varios de estos sistemas. ¿Se conseguiría aumentar las ventajas y disminuir los inconvenientes? Razone la respuesta.
8. Piense en casos concretos para cada uno de los sistemas donde sea más conveniente utilizarlo sobre los demás para aumentar la disponibilidad.

5. Resumen

Las empresas necesitan sistemas informáticos seguros y fiables. La tecnología se ha convertido en un elemento clave para la competitividad de las empresas y el éxito de muchos negocios depende de cómo se informaticen sus servicios.

Con las técnicas de seguridad informática se intenta conseguir un nivel de seguridad lo más alto posible en los sistemas informáticos, ya que la seguridad total garantizada no es posible. Por esta razón es necesario complementar las técnicas de copias de seguridad con las técnicas de alta disponibilidad en casos donde la disponibilidad permanente de los servicios o datos sea un requisito. La alta disponibilidad consiste en implementar una serie de medidas orientadas a aumentar las garantías de disponibilidad de los servicios durante todo el tiempo.

Para asegurar la disponibilidad de los servicios existen distintas alternativas, la mejor elección dependerá de cada caso concreto. Todas las alternativas tienen sus ventajas e inconvenientes. Hay que pensar en las necesidades de cada momento y utilizar la opción más adecuada o una combinación de varias.

Ejercicios de repaso y autoevaluación

1. **Respuesta múltiple. ¿Cuáles de las siguientes causas pueden suponer una interrupción del servicio ofrecido por un sistema informático?**

   a. Cortes en el suministro eléctrico.
   b. Errores de *hardware.*
   c. Errores de *software.*
   d. Errores humanos.

2. **La frase que mejor define lo que es la disponibilidad del servicio es:**

   a. Que el sistema siempre permanezca encendido.
   b. La capacidad de un sistema de poder acceder y ser usado cuando sea necesario.
   c. Que el sistema realice copias de seguridad para que la información no se pierda ante desastres inesperados.
   d. Evitar que se rompa cualquier componente del sistema.

3. **Clasifique las frases siguientes indicando si se refieren a seguridad activa o pasiva.**

   a. Son medidas de seguridad que intentan evitar que se produzcan daños en los sistemas.
   b. Son medidas de seguridad que intentan minimizar los daños de los datos y los sistemas una vez que ya se han producido.
   c. Realizar copias de seguridad.
   d. Alta disponibilidad.

SEGURIDAD ACTIVA	SEGURIDAD PASIVA

4. ¿Qué son servidores en clúster?

    a. Servidores agrupados en una misma habitación.
    b. Servidores que realizan una misma función.
    c. Todos los servidores de una misma empresa que tienen tareas en común.
    d. Un conjunto de servidores conectados entre sí que trabajan juntos como si fueran uno.

5. Indique si las siguientes afirmaciones son verdaderas o falsas:

    a. Cuando se externalizan las copias los datos están menos seguros que si se copian en discos duros externos y se dejan en la oficina.

        ☐ Verdadero
        ☐ Falso

    b. Es importante que la empresa a la que se le confía el almacenamiento de los datos cumpla las necesidades de seguridad y disponibilidad acordadas.

        ☐ Verdadero
        ☐ Falso

    c. Los discos duros externos o discos en red son una alternativa más segura a la externalización de las copias.

        ☐ Verdadero
        ☐ Falso

    d. Los discos duros externos suelen conectarse por un puerto USB.

        ☐ Verdadero
        ☐ Falso

6. Para confiar en la seguridad de los servicios de almacenamiento externo, ¿qué hay que tener en cuenta?

_____
_____
_____
_____

7. ¿En qué caso será más rápido restaurar un equipo a su estado de funcionamiento más actual a partir de una imagen del sistema cuando se ha producido un fallo?

    a. Si se dispone de una imagen creada poco después de empezar a fallar el sistema.

    b. Si se dispone de una imagen creada con el sistema recién instalado.

    c. Si se dispone de una imagen creada poco antes de empezar a fallar el sistema.

    d. En cualquier caso después de la restauración de la imagen el sistema funcionará bien.

8. Indique si en los siguientes casos se podrá restaurar directamente una imagen del sistema o no:

    a. El sistema ha dejado de funcionar por un problema *software*.

    b. El disco duro del sistema se ha roto y se ha sustituido por otro nuevo.

    c. El ordenador se ha roto y se utilizará otro mucho más moderno que el original.

    d. Se utilizarán varios ordenadores de *hardware* idéntico al original.

SÍ SE PODRÁ RESTAURAR	NO SE PODRÁ RESTAURAR

9. Clasifique las siguientes ventajas según pertenezcan a soluciones de clúster o soluciones de creación de imágenes.

    a. Alta disponibilidad para que los archivos y servicios estén disponibles permanentemente.

    b. En caso de fallo se puede restaurar el sistema de forma completa.

    c. Alta eficiencia que hace que los recursos sean utilizados de forma óptima.

    d. Capacidad de procesamiento escalable.

    e. Permiten una restauración rápida del sistema.

VENTAJAS CLÚSTER	VENTAJAS IMAGEN

10. Clasifique las siguientes desventajas según pertenezcan a soluciones de clúster, soluciones de creación de imágenes o de almacenamiento externo.

   a. No son eficientes cuando solo se quieren guardar ciertos archivos.
   b. Se requiere personal que tenga buenos conocimientos de administración de sistemas.
   c. Se ponen los archivos de la empresa en manos de otra empresa.
   d. Mayor consumo energético.
   e. Hay que prestar especial cuidado a la seguridad de las comunicaciones.

DESVENTAJAS CLÚSTER	DESVENTAJAS IMAGEN	DESVENTAJAS ALAMCENAMIENTO EXTERNO

11. Se tienen tres discos conectados en RAID 5. Calcule los bits de paridad que se guardarán para las líneas A, B y C.

	DISCO 1	DISCO 2	DISCO 3
Línea A	11111111	00000000	Ap
Línea B	11110000	Bp	00000000
Línea C	Cp	00101111	11111000

12. Se tienen tres discos conectados en RAID 5 y uno de ellos se ha roto de forma repentina. Recupere la información del disco averiado a partir de la información de los otros discos.

	DISCO 1	DISCO 2	DISCO 3 (ROTO)
Línea A	A1= 00000000	A2= 11111111	Ap
Línea B	B1= 11110000	Bp= 00011111	B2
Línea C	Cp= 11110010	C1= 00101111	C2

13. Se dispone de una configuración en RAID 1 con 4 discos. Uno de ellos falla. ¿Se podrá recuperar la información del disco averiado?

   a. Sí, siempre que el disco averiado no sea el que guarda la información de control.
   b. Sí, sea el disco que sea se podrá recuperar la información.
   c. No, este tipo de configuración no mantiene información redundante.
   d. Solo una parte.

14. Complete los espacios libres de las siguientes frases:

   a. Cuando lo importante es conseguir la máxima capacidad se utiliza _____, pero esta configuración no ofrece _____ por lo que en caso de fallo la información se _____.
   b. Cuando lo importante es conseguir la máxima _____ en los datos se usa RAID 1, también llamado _____.
   c. Con RAID 5 se divide la información en _____ y se distribuye en los discos junto con la información de _____.

15. Si se configuran tres discos duros de 500 GB para que funcionen en espejo, RAID 1, ¿cuál será la capacidad total disponible para el usuario?

   a. 1 TB.
   b. 500 GB.
   c. La mitad de la capacidad total.
   d. 1,5 TB.

Capítulo 4
Planes de auditoría

Contenido

1. Introducción

Actualmente decir que un sistema informático es completamente seguro y que no se puede mejorar es algo inimaginable. En un mundo globalizado y en continuo desarrollo tecnológico aparecen amenazas continuamente. Existen diversas técnicas para proteger los sistemas informáticos de las amenazas que los acechan. Para hacerlo de la forma más efectiva posible es necesario realizar un análisis de las amenazas potenciales que les pueden afectar, las pérdidas que provocarían y la probabilidad de que alguna de las amenazas pueda materializarse. Las auditorías de seguridad llevan a cabo este tipo de análisis. Pero existen otro tipo de auditorías que no tienen como objetivo la seguridad del sistema, sino mejorar el rendimiento del sistema u optimizar los recursos. En general, el objetivo principal es la mejora de los sistemas.

Para ejecutar las tareas de auditoría se necesita un profesional capacitado para realizar esta función. El auditor es la persona encargada de llevar a cabo la auditoría, para lo cual debe diseñar un plan de auditoría, seguir el plan utilizando las herramientas necesarias para su desempeño y documentar todos los resultados y conclusiones a las que se lleguen.

2. Describir los objetivos de los planes de auditoría

Los sistemas informáticos son una herramienta imprescindible para las empresas actuales. Aunque una empresa no sea de carácter tecnológico, la gestión de la empresa siempre suele realizarse a través de sistemas informáticos. Esta importancia creciente que tiene la informática en las empresas hace necesaria la realización de auditorías informáticas.

 Nota

Una auditoría no debe tomarse como algo negativo, sino todo lo contrario, además de encontrar errores y fallos busca formas de conseguir mejoras en los sistemas.

Una auditoría es una evaluación crítica de los sistemas informáticos de la empresa que se realiza para encontrar fallos y proponer soluciones y posibles mejoras. Es obligatorio realizar una auditoría en empresas públicas o privadas que trabajen con datos de carácter personal de nivel medio y alto, al menos cada dos años. Pero aunque se trate de una empresa que no utilice datos de carácter personal, una empresa puede realizar una auditoría para mejorar sus sistemas, ya sea en aspectos de seguridad, optimización de recursos u otro tipo de mejoras posibles.

Una auditoría tiene básicamente cuatro fases principales donde se realizan las siguientes tareas:

- Analizar y enumerar los sistemas operativos, servicios, aplicaciones, topologías y protocolos de red utilizados en la empresa.
- Detectar, comprobar y evaluar las vulnerabilidades de los sistemas.
- Aplicar medidas de corrección concretas a los problemas encontrados.
- Sugerir medidas preventivas para ser implementadas.

Recuerde

Una auditoría realiza un análisis de los sistemas para tratar de encontrar errores, fallos o proponer posibles mejoras.

Los objetivos principales de la auditoría informática son llevar el control de los sistemas informáticos analizando la eficiencia de los recursos, su comportamiento y la verificación del cumplimiento de las normas de la empresa.

Recuerde

La auditoría informática tiene objetivos de protección, corrección de errores y mejora de eficiencia.

Actividades

1. Reflexione sobre si podría mejorar el uso que hace de los equipos informáticos en su casa o empresa. ¿Qué aspectos se podrían mejorar?
2. A su juicio, ¿considera que para una empresa es positivo realizar una auditoría? ¿Por qué?

2.1. Distinguir entre las auditorías por su tipo y aplicación (de rendimiento, de seguridad, de mejora continua, de optimización de uso)

Mantener un control de los sistemas es importante porque pueden presentar diversos problemas de muy distinta naturaleza, y por eso son necesarias las auditorías de sistemas. Las auditorías pueden tener objetivos de protección u objetivos de eficiencia, y dependiendo de su finalidad se pueden definir distintos tipos de auditorías.

Nota

Una auditoria es un examen crítico pero no mecánico, no implica que existan fallos en la empresa auditada sino que tiene como objetivo evaluar y mejorar la eficiencia de una empresa.

Auditorías de rendimiento

Es un tipo de auditoría que examina la efectividad y eficiencia de los sistemas, los programas y la forma de organización de una empresa y permite desarrollar mejoras. El objetivo de la auditoría de rendimiento es conseguir mejoras en el rendimiento.

Para conseguirlo se realizan pruebas que comprueban que se cumplen unos criterios preestablecidos: requisitos específicos, medidas o prácticas concretas. Posteriormente se elabora un informe donde se detalla la situación actual de los sistemas, se señalan los puntos donde existan problemas desde el punto de vista del rendimiento, y se aportan recomendaciones para alcanzar soluciones a los problemas. Esta información permite a los responsables de la empresa tomar decisiones para mejorar el rendimiento de los sistemas, reducir costes o evaluar medidas correctivas.

 Nota

Hay muchos factores que pueden influir en la aparición de problemas de rendimiento en sistemas informáticos. Para encontrar la causa del problema una opción es realizar una auditoría de rendimiento sobre todos los posibles orígenes del problema.

Para elaborar el informe se pueden tener en cuenta datos obtenidos de la monitorización de sistemas operativos, sistemas de almacenamiento, tiempos de espera, funcionamiento de bases de datos, configuración y rendimiento de la red.

Se pueden señalar algunos puntos para los que la auditoría de rendimiento es útil y aporta valor a la empresa:

- Garantizar que se cumplen los objetivos marcados por la empresa de forma económica, eficiente y efectiva.
- Comprobar que se han cumplido los procedimientos establecidos.

- Identificar oportunidades de mejora en los sistemas de la empresa.
- Obtener sugerencias para conseguir mejoras y el modo de conseguirlas.
- Mejorar los procedimientos utilizados en la empresa.
- Comprobar que se respetan las políticas de la empresa.
- Se puede concentrar en los aspectos clave que se quieren mejorar.
- Es flexible y se puede definir el alcance de la auditoría.
- Fortalece la gestión y organización de la empresa.

 Nota

Realizar auditorías de rendimiento ayuda a las empresas a evaluar su rendimiento en el presente para poder compararlo con resultados pasados y futuros y adaptar sus planes en consecuencia.

Es recomendable que las empresas tengan métodos para auditar el rendimiento de su trabajo, esto les ayuda a identificar sus puntos fuertes y débiles, descubriendo dónde son ineficientes para poder mejorar y cumplir mejor con sus objetivos y fines.

Existen medidas que se pueden utilizar para medir el rendimiento. Estas medidas pueden ayudar a explicar y cuantificar las claves de un rendimiento alto o bajo. Algunas de las medidas de rendimiento son:

- **Aportes.** Es una medida del esfuerzo necesario para realizar un trabajo. Un ejemplo es la cantidad de horas o materiales necesarios.
- **Resultados.** Mide la cantidad de trabajos realizados. Por ejemplo, número de clientes atendidos o el total de productos entregados.
- **Consecuencias.** Es una medida de los resultados de los trabajos. Está relacionada con el cumplimiento de los objetivos marcados. Por ejemplo, que se alcance un nivel de calidad determinado en los trabajos.

■ **Eficiencia.** Es una medida que relaciona los esfuerzos necesarios para realizar los trabajos con los resultados de los trabajos. Es un indicador de productividad.

Auditorías de seguridad

La auditoría de seguridad de sistemas informáticos es un estudio que analiza e identifica las posibles vulnerabilidades del sistema para posteriormente aplicar correcciones. Su cometido principal es verificar la adecuación de los procedimientos, estándares y medidas de seguridad establecidos en la empresa. Un buen punto de partida es identificar al responsable de seguridad de la empresa y examinar las normas de seguridad y el plan de continuidad de negocio ante desastres. Una vez realizado un análisis exhaustivo el auditor debe sugerir correcciones o medidas de mejora.

 Sabía que...

Muchos problemas de seguridad provocan una pérdida de rendimiento, por lo que a veces los informes de auditoría de rendimiento permiten detectar problemas de seguridad.

Los entornos informáticos cada vez son más complejos y los fallos, fortuitos o provocados, tienen importantes consecuencias negativas. Este tipo de auditoría se centra en la protección de los datos, el *hardware* y asegurar la disponibilidad permanente de los sistemas.

Esta clase de auditoría se puede aplicar a estaciones de trabajo, redes o servidores. Son auditorías de seguridad muy comunes las auditorías de contraseñas de acceso o las conexiones a redes inalámbricas.

Basándose en los análisis de las auditorías se diseñan políticas de seguridad que establezcan las reglas a seguir para evitar las amenazas o minimizar sus consecuencias en caso de producirse. Cuando se dispone de los resultados de la auditoría se elaboran documentos informativos y se envían las conclusiones a los responsables de seguridad que deberán tomar medidas para la corrección de los problemas encontrados y para modificar o reforzar las medidas preventivas de la empresa.

Los sistemas informáticos están actualizándose continuamente con nuevo *hardware, software,* parches, etc. Esto hace que la realización periódica de auditorías certifique la seguridad de los sistemas.

Las auditorías de seguridad tienen como principal objetivo:

■ Analizar la seguridad de los sistemas informáticos de la empresa, ordenadores de trabajo, servidores y redes.
■ Verificar que se cumple la legislación y normativa vigente en materia de seguridad.
■ Elaborar informes de seguridad.

 **Recuerde**

Cuando se han realizado todos los análisis y detectado todas las anomalías, el auditor debe proponer mejoras o medidas correctoras.

Las auditorías de seguridad pueden clasificarse en varios tipos según su objetivo. Algunas de las más comunes son:

■ **Auditorías de seguridad interna:** donde el objetivo es comprobar el grado de seguridad de las redes locales y corporativas de la empresa.
■ **Auditorías de seguridad perimetral:** que analizan la seguridad en el perímetro de las redes locales que se conectan a redes públicas.
■ **Test de intrusión:** que consiste en realizar ataques, intentando acceder a los sistemas sin disponer de los permisos adecuados.

- **Análisis forense:** después de producirse un incidente se valoran los daños y se realiza un análisis de los sistemas, intentando reconstruir los hechos para averiguar cómo se ha podido producir, y evitar que vuelva a pasar.
- **Auditoría de código:** que consiste en analizar el código fuente de los programas y sitios web utilizados en la empresa buscando vulnerabilidades.

 Sabía que...

Los fallos pueden ser producidos de forma intencionada, por desastres naturales o, lo más probable, por errores o descuidos humanos.

Pueden realizarse auditorías de seguridad global a toda la empresa o específica a ciertas áreas o recursos. La auditoría de seguridad abarca conceptos de seguridad física y lógica:

- La **física** se centra en la protección del *hardware* y los soportes de datos, los edificios e instalaciones, teniendo en cuenta la posibilidad de desastres naturales como incendios, robos, sabotajes, etc.
- La seguridad **lógica** se centra en la protección de datos y programas, en el uso seguro del *software* y el control de acceso a los datos y recursos. La seguridad lógica aumenta con el uso de sofisticados sistemas de cifrado.

 Sabía que...

Los frecuentes ataques informáticos a través de las redes están originando que se tome conciencia y se mejore la seguridad tanto a nivel físico como lógico.

Para realizar una auditoría de seguridad se puede empezar por la parte externa de los sistemas, el entorno físico, el *hardware* y el personal. Después se puede seguir analizando la seguridad del *software* y de las redes de comunicación. Los pasos generales a seguir pueden ser estos:

- Comprobar que la empresa tiene una política de seguridad. Si la empresa no dispone de ella se puede recomendar desarrollar una política adecuada a la actividad de la empresa.
- Comprobar que los empleados conocen la política de seguridad de la empresa. Si no es así hay que recomendar que se informe adecuadamente a los trabajadores.
- Comprobar que existe un plan de contingencia en caso de desastre. En caso de no existir se debe recomendar la implantación de uno para que la empresa pueda recuperarse en caso de incidentes imprevistos.
- Hechas las comprobaciones anteriores se puede proceder a realizar una auditoría de seguridad al área interesada, como el entorno físico, el *hardware, software,* redes, personal, etc. En cada una de las áreas analizadas se deben indicar:

    - **Puntos fuertes.** Son medidas de seguridad que se aplican y son efectivas.
    - **Puntos débiles.** Son medidas de seguridad que no existen y deberían implantarse o que existiendo no se aplican correctamente.
    - **Metodología utilizada.** Son los métodos que se han utilizado para encontrar los puntos fuertes y débiles.
    - **Recomendaciones.** Si se detectan vulnerabilidades hay que ofrecer sugerencias para solucionarlas.

 Aplicación práctica

Se quiere realizar una auditoría de seguridad de los sistemas de información de una empresa. Se va a centrar en la parte exterior, que comprende el entorno físico, ya que se ha detectado que ha accedido personal no autorizado a una zona restringida donde se

Continúa en página siguiente >>

<< Viene de página anterior

almacenan datos. La empresa cuenta con una política de seguridad y los datos están en una habitación que tiene una puerta de seguridad con cerradura que funciona con tarjetas identificativas y alarma. En las últimas semanas se ha contratado a personal nuevo.

Se pide estudiar el entorno físico donde se guardan los datos. Indique la metodología utilizada, los puntos fuertes y débiles encontrados y proponga soluciones de mejora.

SOLUCIÓN

La metodología utilizada en este caso puede ser una simple inspección visual y entrevistas con los empleados de la empresa. Se buscan vulnerabilidades que puedan ocasionar que personal no autorizado acceda a esa zona.

Puntos fuertes. Se dispone de puerta de seguridad con cerradura y alarma que funcionan correctamente. La empresa cuenta con una política de seguridad.

Puntos débiles. Algunos empleados no conocen o no respetan las normas de seguridad de la empresa.

Metodología. Inspección visual y entrevistas con trabajadores.

Recomendaciones. Informar a los empleados de las políticas de seguridad de la empresa.

Auditorías de mejora continua

Es un tipo de auditoría que se basa en mejorar la calidad para aumentar la competitividad de la empresa. Para eso se realizan mediciones de verificación continuas. Todas las acciones y procedimientos que se efectúan van encaminados a mejorar la forma de trabajar, verificando que el trabajo que se ha hecho se ha realizado conforme a lo planificado y que se están cumpliendo las expectativas iniciales. Finalmente se comprueba si los sistemas están funcionando de forma eficaz tras aplicar las mejoras propuestas. Este proceso se repite continuamente consiguiendo aumentar la calidad en cada iteración.

Unas reglas básicas para la mejora continua son:

- No se puede mejorar algo que no está controlado.
- No se puede controlar algo que no se ha medido.
- No se puede medir algo que no se ha definido.
- No se puede definir nada que no se ha identificado.

Sabía que...

El proceso de mejora continua permite aumentar la productividad, reducir los costes, reducir los tiempos de proceso, responder más rápido y mejorar los niveles de satisfacción.

Una herramienta muy utilizada en el proceso de mejora continua es el Círculo de Mejora de Deming o Espiral de Mejora Continua. En el círculo se representa una serie de pasos interrelacionados y sucesivos.

Los cuatro pasos son:

1. Planificación.
2. Ejecución.
3. Evaluación.
4. Acción.

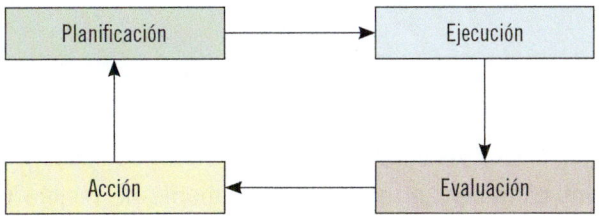

Para poder aplicar la mejora continua es imprescindible que los procesos que se quieran mejorar estén bien definidos y documentados:

- **Planificación.** Hay que priorizar los aspectos que se quieren estudiar y someterlos a un profundo análisis para encontrar posibles opciones de mejora. En este paso se establecen los objetivos y los métodos necesarios para lograr los resultados esperados. Con esto se consigue mejorar la exactitud de las especificaciones, ya que se basan las acciones en el resultado esperado.
- **Ejecución.** En este paso se desarrolla un plan de mejora y se implementan los nuevos métodos. También se establece la manera de medir el progreso y se recogen datos para utilizar en las siguientes etapas.
- **Evaluación.** Se procede a evaluar los resultados obtenidos y se comparan los resultados con los objetivos establecidos. Cualquier acción realizada debe poder ser medida para analizarla posteriormente. Es un paso de verificación donde tras un tiempo determinado se vuelven a recopilar datos de control para analizarlos y compararlos con las especificaciones y objetivos iniciales. De esta forma se puede evaluar si se han conseguido los resultados esperados y si se han producido mejoras.
- **Acción.** Finalmente se actúa corrigiendo y aplicando las medidas correctoras necesarias. Se documenta el ciclo con las conclusiones del paso anterior. Cuando se asegura que las mejoras se han producido y están consolidadas se vuelve a iniciar el ciclo.

 **Recuerde**

No se puede gestionar lo que no se puede medir.

Una vez realizados los cuatro pasos se vuelve a comenzar el proceso efectuando nuevos ciclos en un proceso interminable de mejora para conseguir mayores niveles de calidad, detectando y corrigiendo errores, y aplicando nuevas mejoras. Con esto se consigue llegar a la verdadera causa principal de los problemas y no limitarse únicamente a encontrar y solucionar fallos.

Recuerde

Con la realización de cada ciclo de mejora se deben reducir los errores y aumentar la calidad final.

Es importante destacar que una auditoría de mejora continua no es efectiva para solucionar un problema puntual. Hay que aplicarla para establecer una nueva cultura de trabajo que permita mejorar la competitividad de la empresa.

Aplicación práctica

Una empresa quiere mejorar su sistema de atención telefónica porque ha recibido varias quejas de que los clientes no pueden contactar con la empresa. La empresa cuenta con dos telefonistas y no se lleva un control de llamadas. Se quieren reducir las quejas de los clientes a la mitad. Por otra parte en la empresa se produjo un cortocircuito en una de las regletas donde había varios ordenadores que sufrieron daños.

Indique la forma de proceder para realizar una auditoría de mejora continua para resolver estos problemas.

SOLUCIÓN

Para aplicar la mejora continua se seguirían los cuatro pasos del ciclo de mejora:

I **Planificación.** Hay que establecer claramente los objetivos que se persiguen. En este caso pueden ser mejorar la atención al cliente, atenderlos rápidamente y aumentar su satisfacción. Para conseguirlo se establece como meta reducir las quejas de los clientes a la mitad. También se establece un tiempo máximo para las llamadas: el cliente debe ser atendido y solucionar su problema en menos de 5 min.

Continúa en página siguiente >>

<< Viene de página anterior

I **Ejecución.** Se piensa en un plan para mejorar la atención. Como el problema es que los clientes no son atendidos se decide llevar un control de las llamadas para controlar su duración. Cuanto menos tiempo duren, más tiempo estará el teléfono libre para atender a otros clientes. Además este parámetro servirá para medir el progreso futuro.

I **Evaluación.** Se procede a evaluar los resultados midiendo la duración real de las llamadas con el objetivo marcado.

I **Acción.** Finalmente se corrigen los problemas encontrados. Si una telefonista tarda más tiempo del establecido habría que darle una mejor formación o herramientas para que lo consiga.

Pasado un tiempo se podría volver a aplicar el ciclo de mejora para intentar reducir aún más los tiempos de atención telefónica.

El problema del cortocircuito es un problema puntual que no se podría mejorar aplicando la mejora continua. Para evitar este problema o minimizar sus efectos habría que utilizar otro tipo de auditoría.

Auditorías de optimización de uso

Este tipo de auditorías se encarga de revisar la gestión que se hace de los recursos informáticos. En este tipo de auditoría se utilizan los *benchmarks* o pruebas del sistema como instrumento principal para evaluar la fiabilidad del sistema.

 **Definición**

Benchmark
Son pruebas del sistema que evalúan el funcionamiento y la fiabilidad del mismo.

No se puede realizar una evaluación del sistema informático de una empresa estudiando su documentación y manteniendo reuniones técnicas con los responsables, eso no es suficiente. Lo que realmente demuestra el buen funcionamiento y la fiabilidad del sistema es realizar pruebas, simulando situaciones extremas. Llevando los sistemas a este estado se puede verificar que realmente son fiables y responden produciendo los resultados correctos en los tiempos establecidos.

Algunos tipos de pruebas de sistema que se pueden realizar son:

- **Pruebas de carga máxima.** Se realizan pruebas para evaluar la respuesta del sistema cuando se le somete a una gran carga de trabajo. Un sistema puede funcionar correctamente cuando no tiene mucho trabajo o atiende a unas pocas solicitudes, y en cambio no funcionar o incluso fallar cuando se le solicitan varias tareas o múltiples conexiones de usuarios. Hay que saber de antemano la carga que soporta un sistema para en caso de necesitarlo poder realizar los ajustes o ampliaciones necesarias.
- **Pruebas de almacenamiento.** Sirven para verificar si el sistema soporta realmente la capacidad que se estableció teóricamente en su diseño. Para comprobarlo se van escribiendo datos de forma continua hasta que se llegue a la capacidad teórica. Haciendo las comparaciones necesarias se llegará a la capacidad real.
- **Pruebas de tiempo de ejecución.** Estas pruebas permiten determinar lo rápido que es un sistema. Se comprueba el tiempo que se tarda en dar una respuesta a una consulta, realizar una copia de seguridad o completar una transmisión. Con estos datos se podrán realizar los ajustes que sean necesarios. Hay que tener en cuenta que los tiempos de respuesta pueden variar mucho del entorno de prueba al entorno real cuando se enfrenta a una gran carga de solicitudes.
- **Pruebas de recuperación.** Consiste en simular un fallo en el sistema o la pérdida de los datos para comprobar que se puede recuperar el sistema y los datos a partir de la copia de seguridad. De esta forma se puede verificar que los sistemas de recuperación son correctos y útiles, y en caso de fallo no se pierdan los datos y se pueda recuperar el sistema lo más rápidamente posible.

Recuerde

Probar un sistema en un entorno de pruebas no es suficiente, es necesario probarlo en un entorno real con la carga de trabajo que soportará diariamente.

Actividades

3. Si una empresa es muy pequeña, con menos de cinco empleados, ¿merece la pena realizar una auditoría? ¿Por qué?
4. Considere si realizar auditorías en la empresa debería ser algo obligatorio. ¿Por qué?
5. Si tuviera que realizar una auditoría en su empresa, ¿qué tipo de auditoría realizaría? ¿Por qué?

Aplicación práctica

En una empresa se detecta que últimamente los trabajos no se entregan en los plazos establecidos y que la calidad obtenida está por debajo de la que se debería esperar. La empresa cuenta con muchos trabajadores separados por departamentos. La organización se dedica a la producción audiovisual. Se generan muchos videos que son editados y posteriormente subidos a una plataforma de contenidos multimedia en internet. Existen tres grupos de trabajo implicados: los creadores de contenidos, los editores y los que suben el contenido a la plataforma.

En los últimos meses, aunque no se ha incrementado la carga de trabajo respecto a meses anteriores, y se dispone del mismo número de equipos y de trabajadores, el trabajo se ha acumulado y hay mucho retraso.

Continúa en página siguiente >>

<< Viene de página anterior

¿Qué tipo de auditoría podría realizarse para buscar posibles causas en la baja productividad del último periodo? ¿Qué aspectos se podrían estudiar para encontrar las causas de los problemas y aumentar el rendimiento?

SOLUCIÓN

En este caso sería conveniente aplicar una auditoría de rendimiento para encontrar la causa de la reducción de rendimiento de los últimos meses. Una vez encontrado el problema se podría pensar en soluciones para remediarlo.

Este tipo de auditoría permite estudiar exclusivamente las áreas implicadas en los trabajos con bajo rendimiento, que en este caso son los creadores de contenidos por un lado, y los editores y los encargados de subir el material a la plataforma de internet, por otro.

Para encontrar las causas de los problemas se realizarán medidas que permitan cuantificar el rendimiento:

I **Aportes.** Se medirá el tiempo necesario para la generación de contenidos de un tema concreto y los equipos de trabajo necesarios. Se realizarán medidas por cada puesto de trabajo, midiendo tanto el tiempo requerido por el trabajador como de los equipos de que disponga.
I **Resultados.** Se medirá la cantidad de trabajos realizados por cada trabajador. También se tendrán en cuenta los equipos materiales de que disponga.
I **Consecuencias.** Además de medir la cantidad de trabajo realizado por trabajadores y equipos se medirá la calidad de los trabajos que deberán ajustarse a los parámetros exigidos.
I **Eficiencia.** Con los datos obtenidos se calculará la eficiencia del trabajo realizado por los trabajadores y los equipos. De esta forma se conseguirá un indicador de la productividad.

Una vez examinados los resultados se podrían detectar problemas de rendimiento en determinados puestos de trabajo y establecer si es problema del trabajador o de los recursos técnicos de los que dispone.

Si es problema del trabajador se podrían proponer acciones formativas o evitar distracciones que le hagan perder tiempo. Si es problema de los equipos habría que comprobar sus especificaciones *hardware* y *software* y realizar ampliaciones de mejora en caso de necesitarlo.

3. Describir el perfil del auditor

El auditor informático es la persona encargada de realizar una auditoría informática. Actualmente no existe legislación sobre los requisitos que debe cumplir el auditor para desempeñar su trabajo, ni sobre las herramientas y métodos que debe utilizar para llevarlo a cabo.

La figura del auditor no está regulada y no existe legislación al respecto. Se sobrentiende que el auditor debe ser una persona capacitada con los conocimientos necesarios para realizar auditorías de sistemas informáticos en las empresas. Los requisitos del auditor son su cualificación y experiencia.

 Sabía que...

En España no existe ninguna norma que indique los requisitos mínimos que debe cumplir una persona para poder realizar las tareas de auditor.

Un auditor informático debe velar porque la utilización de los recursos informáticos de la empresa sean los correctos y se haga un uso eficiente de ellos. Aunque todas las empresas utilizan los sistemas informáticos para la gestión del negocio, conseguir beneficios económicos y reducir costes, no todas las empresas funcionan igual. Para que la auditoría sea realmente eficaz el auditor debe conocer la empresa en un sentido amplio, no solo las formas de gestionar una organización, sino también las particularidades propias de cada una de ellas.

La visión de un auditor debe ser una visión amplia y de conjunto, por lo que los conocimientos de un auditor pertenecen a varios campos. La formación básica de un auditor de sistemas debe contener:

- Gestión de proyectos.
- Gestión de departamentos.
- Análisis de riesgos informáticos.

- Gestión de sistemas operativos.
- Sistemas de comunicación y redes.
- Gestión de bases de datos.
- Seguridad física y lógica.
- Planificación.
- Gestión de la seguridad en los sistemas informáticos y la continuidad de negocio a través de los planes de seguridad.
- Gestión de problemas con cambios de sistemas informáticos, redes, *software,* etc.
- Conocimientos de ofimática para la toma de datos y elaboración de informes, comercio electrónico y cifrado de datos.
- Debe disponer de buenas cualidades para desenvolverse en las relaciones personales.

Recuerde

Un buen auditor de sistemas debe desenvolverse bien en las relaciones personales.

Además de los conocimientos básicos generales un buen auditor debe informarse sobre los aspectos específicos de la empresa auditada:

- Conocer la organización y estructura de la empresa.
- Políticas de la empresa en cuanto a la información y la tecnología.
- Aspectos legales que afecten a la empresa.
- Conocimientos de la importancia económica de los distintos componentes de la empresa.

Las características más importantes que debe tener un profesional que se dedique a la auditoría de sistemas son:

- **Conocimientos técnicos.** El auditor debe ser un profesional competente y contar con unos conocimientos técnicos avanzados. Debe conocer las técnicas utilizadas en auditoría, el funcionamiento, la organización y las características de la empresa. También debe conocer bien los sistemas y programas utilizados en la organización.

- **Actualización.** Un auditor es una persona que tiene la obligación de mantenerse en constante formación. Debido a la rapidez con la que evolucionan las nuevas tecnologías es necesario un esfuerzo constante para mantener sus habilidades a un nivel apropiado y no quedar desfasado.

- **Experiencia.** Es recomendable que el auditor cuente con experiencia en su campo y en la realización de auditorías.

  Nota: el auditor puede recurrir al consejo y asesoramiento de especialistas si así lo requiere su trabajo. En este caso debe asegurarse de que las personas que lo asesoran son competentes en la materia.

- **Independencia.** El auditor debe actuar con libertad, obedeciendo a su juicio profesional. Debe actuar con imparcialidad, tanto en el estudio de los hechos como en la redacción de las conclusiones finales.

- **Integridad.** Debe actuar con rectitud y honestidad en el desempeño de su trabajo y en la presentación de sus informes. Su actuación debe ser intachable para ganarse la confianza y el respeto de todos.

- **Objetividad.** Debe mantener una posición imparcial en todas sus funciones como auditor. Tiene la obligación de ser justo y no permitir influencias o perjuicios de ningún tipo a la hora de emitir las conclusiones y recomendaciones de mejora. Debe actuar de forma que su objetividad no sea puesta en duda.

- **Cumplimiento de las normas.** Debe ser una persona profesional que cumpla estrictamente con las normas establecidas para su trabajo. Debe actuar conforme a las normas locales o internacionales en materia de auditoría informática.

  Importante: el auditor debe realizar su trabajo de forma que sea reconocido como un elemento útil y valioso dentro de la empresa.

- **Confidencialidad.** Se debe respetar la confidencialidad de la información que consulte y reúna durante el desarrollo de su trabajo y no debe revelar ningún dato a terceros sin una autorización específica, a no ser que tenga la obligación profesional o legal de hacerlo. Es responsable de que el personal del equipo de trabajo que esté bajo su responsabilidad también cumpla el principio de confidencialidad. La información no puede ser utilizada para fines distintos a la auditoría, no debe revelarla ni usarla para su beneficio propio o de terceros.

- **Responsabilidad.** El auditor debe ser responsable y minucioso para realizar su trabajo correctamente. Si se cumplen las normas establecidas la responsabilidad del auditor se limita al contenido de su informe.
- **Conducta profesional.** Debe actuar siempre de manera correcta y evitar cualquier conducta que pueda desacreditar la buena reputación de la profesión. La Asociación de Auditoría y Control de Sistemas de Información (ISACA) ha elaborado un código de ética profesional que debe cumplir el auditor.

Recuerde

Para desempeñar el trabajo correctamente el auditor debe ser una persona que, además de los conocimientos técnicos necesarios y de conocer la forma en la que se organiza y gestiona una empresa, posea una serie de valores personales.

Actividades

6. Indique, razonando su respuesta, qué tres características del auditor informático considera más importantes y explique por qué.
7. Indique, razonando su respuesta, qué características y destrezas le faltan a usted para poder trabajar como auditor de sistemas informáticos y cómo podría conseguirlas.

4. Auditar el sistema

Para auditar un sistema el primer paso es realizar una planificación para identificar los objetivos que hay que cumplir y los métodos que se utilizarán para conseguirlos. Los pasos principales de una auditoría son:

- **Identificación de los objetivos.** Hay que identificar los objetivos de la auditoría de forma clara y precisa.
- **Creación de un plan global.** Este plan debe incluir la definición del tipo de auditoría que se realizará, los sistemas que se revisarán y la elección del equipo adecuado para realizar la auditoría.
- **Calendario de auditoría.** Hay que establecer el tiempo necesario para realizar la auditoría y cumplir los plazos de las diferentes fases de la auditoría. Se hace una estimación del tiempo que llevará cada fase. Es conveniente que el calendario sea acordado por el auditor y la empresa auditada.
- **Memoria de la planificación.** La planificación elaborada debe incluirse en una memoria que debe ser aprobada por el responsable de la auditoría antes de iniciar los trabajos.
- **Recogida de documentación e información.** Es necesario disponer de la información precisa. Para ello hay que recoger la documentación e información necesarias. Distintos tipos de auditorías utilizarán distintos métodos de recogida de datos.
- **Análisis de la información recogida.** Durante todo el proceso será necesario analizar los datos e interpretarlos. El objetivo del análisis es organizar los datos de forma que se entiendan y se puedan extraer conclusiones.
- **Entrega del informe y seguimiento.** Entrega del informe de auditoría con los problemas detectados y las medidas propuestas para realizar las correcciones necesarias. Posteriormente se hará un seguimiento para comprobar la efectividad de las mejoras propuestas.

 Sabía que...

El grado de detalle de un plan de auditoría dependerá del tamaño de la empresa auditada, la complejidad del tipo de auditoría y de la experiencia del auditor.

4.1. Diseñar el plan de auditoría

El plan de auditoría a realizar depende de las instrucciones dadas por los mandatarios de la empresa auditada, que son los que marcarán los objetivos y alcance que se debe desarrollar. El plan de auditoría debe diseñarse para cumplir los objetivos establecidos y las normas aplicables, por eso el auditor debe tener en cuenta algunos factores importantes antes de empezar.

Diseñar el plan de auditoría supone plasmar por escrito en un documento o cronograma de trabajo los objetivos, el alcance, las personas que intervendrán, las fases de la auditoría y el tiempo estimado para cada una. El tiempo estimado se basa en el alcance y los objetivos de las tareas. De esta forma se conseguirá trabajar de forma organizada y eficiente. En caso de imprevistos o retrasos este documento tendrá que ser ajustado.

Recuerde

Las auditorías deben planificarse de forma adecuada para asegurar que cumplen sus objetivos y que se desarrollan de forma efectiva.

La planificación es una estrategia de trabajo que ayuda a organizar y coordinar las tareas entre todas las personas y a identificar que los trabajos son completados de forma correcta. También sirve para determinar las distintas áreas a evaluar, para asignar recursos tecnológicos y definir las herramientas de auditoría que se usarán. El nivel de detalle del plan de auditoría dependerá del tamaño de la empresa, la complejidad de la auditoría y de la experiencia del auditor.

Nota

Para que la auditoría se realice correctamente el auditor debe adquirir conocimientos de la actividad de la empresa auditada.

Para el diseño del plan hay que considerar factores del entorno como los siguientes:

- Aspectos económicos generales y específicos que por su naturaleza puedan afectar a la empresa.
- Si se tiene experiencia previa con la empresa, con lo cual ya se conoce la forma de trabajar y se requiere menos tiempo de adaptación.
- Nivel de competencia del personal de la empresa.
- Evaluación del informe de auditoría anterior, si existe.
- Legislación específica que afecte a la empresa.
- Responsabilidades del trabajo realizado.

Es necesario que la auditoría sea supervisada en todas sus etapas para garantizar su correcto cumplimiento y que el trabajo realizado sea de calidad.

Recuerde

La supervisión es una tarea imprescindible para confirmar que se cumplen los objetivos.

El auditor deberá identificar los requisitos que necesita para cumplir con la auditoría, como documentos o manuales de la empresa, políticas de seguridad, manuales de usuario, listado de usuarios o plan de contingencia. La empresa deberá proporcionar estos documentos. Los requisitos necesarios deben enviarse de forma escrita a los responsables de la empresa con antelación.

El auditor deberá preparar también sus documentos de trabajo, que son un conjunto de documentos con la información que se obtiene de la revisión de la documentación y los resultados de las pruebas de auditoría. En estos documentos se sustentan las recomendaciones y conclusiones.

4.2. Utilizar herramientas de auditoría

Existen diversas herramientas para facilitar el desarrollo de la auditoría en las que el auditor puede apoyarse. Hay herramientas para evaluar la seguridad y continuidad de servicio, seguridad en redes, para evaluar la consistencia en bases de datos, etc. Dependiendo del tipo de auditoría que se realice se utilizarán unas herramientas u otras. En general, las herramientas se emplean para controlar, verificar o monitorizar los sistemas. Algunas de las herramientas y técnicas más comunes y útiles son:

- **Cuestionarios iniciales.** Muchas veces con estos cuestionarios se puede obtener información valiosa y enfocar correctamente el resto de la investigación.
- **Cuestionarios *checklist.*** Son una herramienta muy utilizada para obtener datos. Es necesario elaborar un cuestionario adecuado con preguntas claras. Tiene que ser fácil de entender y de rellenar para evitar errores. Existen cuestionarios binarios, con respuestas de "sí" o "no" y otros de rango que pueden ir de "0" a "10", permitiendo mayor precisión.
- **Entrevistas.** Se utilizan a lo largo de toda la auditoría desde el principio hasta el final. Pueden ser individuales o en grupo. Permiten que se puedan recabar opiniones durante las discusiones. También sirven para ratificar la información que se obtuvo en la investigación.
- **Encuestas.** Son útiles al principio para determinar los objetivos de la auditoría. Y al final, una vez alcanzados los objetivos, se pueden utilizar para determinar el nivel de satisfacción.
- **Inspección.** Mediante la inspección se examinan registros y documentos. La inspección puede proporcionar evidencias, su nivel de fiabilidad

dependerá de la fuente de información y de los controles internos sobre esa información.

- **Observación.** Observar la forma en que los trabajadores utilizan los sistemas ayuda a detectar problemas y encontrar opciones de mejora. Se pueden realizar fotografías. Suele emplearse en combinación con otras técnicas para contrastar resultados. Es imprescindible avisar y contar con el consentimiento del personal que será observado.
- **Simulación.** Utilizada para probar los sistemas bajo ciertas circunstancias, como puede ser una gran carga de trabajo.
- **Aplicaciones *software* de auditoría.** Existen aplicaciones *software* enfocadas a facilitar los trabajos de auditoría. Hay muchas opciones dependiendo del tipo de auditoría que se lleve a cabo.
- **Matrices de riesgo.** Permiten realizar una valoración y gestionar los riesgos potenciales.
- **Pruebas de control o conformidad.** Son pruebas que se realizan para obtener evidencias del funcionamiento de los sistemas, del cumplimiento de los objetivos propuestos y del nivel de eficiencia en el uso de los recursos de la empresa.
- **Pruebas de validación.** Enfocadas a detectar la existencia o ausencia de errores en los procesos.
- **Revisión.** Que consiste en buscar información adecuada, ya sea dentro o fuera de la empresa.
- **Procedimientos analíticos.** Consiste en analizar indicadores y tendencias significativas o información inconsistente.

Recuerde

Existen herramientas de auditoría para recopilar datos, verificarlos, analizarlos y documentar los resultados.

Algo común es realizar el cruce de las informaciones obtenidas por distintos medios, de esta forma se consigue información más precisa y fiable. Para obtener las conclusiones de la auditoría hay que examinar la totalidad de la información de la que se dispone, atendiendo a los siguientes aspectos:

- Nivel de riesgo que se está dispuesto a asumir.
- Naturaleza de los sistemas.
- Evaluación del riesgo.
- Experiencia que se tiene de auditorías previas.
- Resultados de pruebas realizadas.
- Fiabilidad de los datos disponibles.

Nota

Los documentos de trabajo pueden contener evidencias de la auditoría realizada, por lo que son documentos confidenciales y no pueden ser utilizados por personas ajenas a la auditoría.

Herramientas *software* para auditoría

Algunas herramientas *software* utilizadas para auditoría son las que se describen a continuación.

ACL Analytics

Sus siglas significan Lenguaje de Control para Auditoría, y es un programa de auditoría y análisis de datos. Algunas de sus características son:

- Permite realizar análisis interactivos, obteniendo los resultados de forma inmediata.
- Permite acceso de datos de diferentes ámbitos y sistemas, lo que da libertad al auditor para utilizarlo en cualquier empresa.
- Es rápido y fácil de usar, permitiendo analizar grandes cantidades de datos.
- Incorpora funciones útiles propias de auditorías.

▮ Permite automatizar tareas repetitivas.

▮ Realiza informes y gráficos.

Software para auditoría de sistemas ACL Analytics

IDEA

Sus siglas vienen del inglés *Interactive Data Extraction and Analysis* (IDEA) que se puede traducir como "Análisis y extracción de datos interactivo", y es una herramienta usada por auditores para revisar o extraer información. La aplicación presenta una interfaz amigable para el usuario. Algunas de sus características son:

▮ Dispone de funciones de análisis sobre los datos extraídos que aumenta la exactitud y confianza en los datos utilizados por el auditor.

▮ Opciones avanzadas para ordenar registros.

▮ Gráficos de barras para ver la información de forma gráfica.

▮ Muestra información estadística de los datos.

▮ Permite comparar dos archivos y encontrar diferencias.

Software de análisis y auditoría de datos

Open-AudIT

Es una aplicación que informa sobre el estado de la red, cómo está configurada y si se producen cambios. Funciona tanto en sistemas *Windows* como en *Linux*.

Software para obtener información de los sistemas conectados a una red

Puede configurarse para que escanee la red y todos los dispositivos diariamente. De esta forma el programa mandará un aviso si algo cambia en cualquiera de los dispositivos de la red o aparece un nuevo dispositivo.

Microsoft Baseline Security Analyzer (MBSA)

Es un programa diseñado por *Microsoft* que es sencillo de utilizar y ha sido diseñado para ayudar en tareas de auditoría de seguridad a pequeñas y medianas empresas. Su objetivo principal es detectar los fallos de configuración de seguridad más comunes y aplicar las últimas actualizaciones de seguridad.

4.3. Documentar el resultado de la auditoría

Durante la realización de la auditoría es esencial la supervisión del trabajo realizado por el equipo de auditoría. Los trabajos realizados por ayudantes deben ser supervisados por el responsable del equipo. La supervisión tiene como propósito que se cumplan las normas, se respeten los plazos de trabajo y se consigan los objetivos de la auditoría.

Es necesario documentar el trabajo realizado, tanto los datos recogidos durante la investigación como las conclusiones finales y medidas correctoras propuestas. Un informe debe contener como contenidos mínimos el título, identificación de las personas destinatarias, empresa auditada, objetivos, alcance, periodo de validez del trabajo realizado, el tipo de auditoría aplicada y si existe alguna restricción en cuanto a su circulación. También se deben incluir comentarios sobre aspectos o incidencias relevantes encontrados, las conclusiones y recomendaciones, la fecha y firma de la persona que realiza el informe y cualquier información que tenga que añadir el auditor respecto a la auditoría. Las conclusiones del auditor deben estar fundamentadas en evidencias válidas que se obtienen de la realización de las pruebas que se consideren necesarias.

Importante

Es necesario incluir el alcance de la auditoría en el informe final para dejar claro hasta qué punto se ha llegado y qué elementos han sido omitidos.

El informe final de auditoría es un documento formal que se utiliza para informar formalmente, por escrito y de manera completa y precisa sobre los resultados obtenidos tras las pruebas y procedimientos aplicados para fundamentar las opiniones del auditor. Debe estar escrito en un lenguaje claro y fácil de entender adaptado a los destinatarios. Estos informes son una declaración escrita y limitan su responsabilidad sobre el trabajo realizado. Un buen informe debe cumplir las siguientes características:

- **Claridad y uniformidad.** Deben usar un lenguaje claro evitando el uso de tecnicismos.
- **Concisión.** Se debe distinguir claramente la información importante de forma destacada sobre los comentarios y datos menos relevantes.
- **Objetividad.** Se deben mostrar los resultados de forma objetiva y exacta, evitando ambigüedades.
- **Evidencias adecuadas.** Se debe incluir información sobre las conclusiones obtenidas a partir de evidencias válidas. Para complementar las evidencias obtenidas es conveniente conseguir declaraciones por escrito de los responsables de la empresa auditada de aspectos que sean importantes en la auditoría realizada. Estas manifestaciones tienen como objetivo clarificar responsabilidades.
  Importante: No definir claramente los límites alcanzados en la auditoría puede hacer que la auditoría no sea un éxito.

El informe final debe reflejar todos los descubrimientos del auditor. Los resultados deben ser comentados directamente y de forma abierta con los responsables de la empresa para dárselos a conocer, realizar las aclaraciones necesarias y complementar el documento con modificaciones y pruebas.

Para el seguimiento de las mejoras el auditor debe solicitar, para posteriores auditorías, la información relevante de anteriores informes y determinar si se han tomado las medidas apropiadas para las correcciones y mejoras.

Actividades

8. Indique por qué es importante diseñar un plan de auditoría.
9. Señale si es necesario documentar el resultado de la auditoría en un documento final. ¿Por qué?

5. Resumen

Las empresas necesitan disponer en sus sistemas informáticos de las mejores medidas de seguridad y optimización de recursos para ofrecer un buen funcionamiento y permitir la continuidad de negocio en caso de producirse un desastre. Además, en muchos casos, realizar auditorías periódicas es una exigencia legal para algunas empresas.

La función de las auditorías de sistemas informáticos es la de evaluar los riesgos inherentes a la información y la valoración de los sistemas. Se tiene en cuenta la tecnología disponible, los servicios utilizados para el desarrollo del trabajo y el mantenimiento y el funcionamiento óptimo para que las empresas consigan sus objetivos de la mejor forma posible.

El perfil del auditor informático debe ser el de una persona profesional con conocimientos técnicos avanzados y actualizados. Es necesario diseñar adecuadamente la planificación de la auditoría para cumplir los objetivos de forma efectiva. En el desarrollo de la auditoría se pueden utilizar herramientas que ayuden y simplifiquen su realización y finalmente hay que documentar los resultados en un informe. En el informe se debe especificar de forma clara, detallada y precisa las vulnerabilidades encontradas y las propuestas sugeridas para su corrección y mejora.

Ejercicios de repaso y autoevaluación

1. ¿Es obligatorio realizar auditorías de sistemas en las empresas?

    a. Sí, siempre.
    b. No, en ningún caso es obligatorio.
    c. Solo es obligatorio para empresas privadas y no para empresas públicas.
    d. Es obligatorio solo en algunos casos, pero es recomendable siempre.

2. Ponga en orden las siguientes fases de una auditoría de sistemas:

    a. Detectar, comprobar y evaluar las vulnerabilidades de los sistemas.
    b. Sugerir medidas preventivas para ser implementadas.
    c. Aplicar medidas de corrección concretas a los problemas encontrados.
    d. Analizar y enumerar los sistemas operativos, servicios, aplicaciones, topologías y protocolos de red utilizados en la empresa.

3. Respuesta múltiple. Señale cuáles de los siguientes son objetivos de una auditoría informática.

    a. Buscar fallos para sancionar a las empresas.
    b. Optimizar el uso de los recursos.
    c. Eliminar los sistemas informáticos antiguos de una empresa.
    d. Verificar el cumplimiento de las normas de la empresa.

4. Relacione los tipos de auditoría (mejora continua, seguridad, rendimiento y optimización de recursos) con su objetivo principal.

    a. Examinar la efectividad y eficiencia de los sistemas.
    b. Solucionar vulnerabilidades que puedan dañar los sistemas.
    c. Aumentar la calidad y mejorar la forma de trabajar.
    d. Revisar la gestión que se hace de los recursos informáticos.

_____

5. Complete los espacios libres de las siguientes frases:

    a. Los aportes miden el esfuerzo necesario para realizar un _____.

    b. Los resultados miden la _____ de trabajo realizado.

    c. Las consecuencias están relacionadas con el cumplimiento de los _____ marcados.

    d. La eficiencia es un indicador de _____.

6. Ordene los pasos que hay que realizar en un ciclo de mejora continua.

    a. Ejecución.

    b. Planificación.

    c. Acción.

    d. Evaluación.

7. Una regla básica para la mejora continua es:

    a. Lo que se ha definido no se puede medir.

    b. No se puede medir algo que no se ha definido.

    c. No se puede medir algo que se ha mejorado.

    d. No se puede controlar algo que se ha mejorado.

8. Indique si son verdaderas o falsas las siguientes afirmaciones:

    a. Los *benchmarks* se utilizan para corregir los errores encontrados.

        ☐ Verdadero
        ☐ Falso

b. No se puede mejorar algo que no está controlado.

    ☐ Verdadero
    ☐ Falso

c. La auditoría de rendimiento es flexible y permite definir el alcance de la auditoría.

    ☐ Verdadero
    ☐ Falso

d. La auditoría de seguridad se aplica exclusivamente a redes de comunicación.

    ☐ Verdadero
    ☐ Falso

9. Ordene de principio a fin los siguientes pasos pertenecientes a una auditoría.

    a. Entrega del informe de auditoría.
    b. Análisis de información recogida.
    c. Identificación de los objetivos de la auditoría.
    d. Calendario de auditoría.

10. Respuesta múltiple. Indique las características deseables que debe tener un auditor de sistemas informáticos.

    a. Debe limitarse a tener una formación especializada en su materia.
    b. Debe tener una visión de conjunto y tener conocimientos de varios campos.
    c. El auditor informático debe obedecer ciegamente al jefe de la empresa auditada.
    d. Debe ser justo y objetivo.

11. Dadas las siguientes características clasifíquelas según sean de mejora continua o de optimización de uso.

    a. Se simulan fallos y pérdidas de datos.
    b. Se utiliza para establecer una nueva cultura de trabajo.
    c. Se somete al sistema a pruebas de carga.
    d. Se utilizan ciclos que se repiten para ir mejorando.

DE MEJORA CONTINUA	DE OPTIMIZACIÓN DE USO

12. ¿Quién puede realizar una auditoría informática?

    a. Cualquier persona puede realizarla, no se necesitan conocimientos avanzados.

    b. Solo pueden realizarla ingenieros informáticos.

    c. No existe legislación sobre las características del auditor de sistemas, pero es recomendable que disponga de conocimientos técnicos avanzados y sea competente en su tarea.

    d. Solo puede realizarla un experto que trabaje en la misma empresa auditada.

13. El auditor informático es la persona que...

    a. ... se encarga de buscar fallos en los sistemas para sancionar a las empresas.

    b. ... busca fallos en los sistemas para acceder a los datos sin permiso.

    c. ... utiliza un ordenador dentro de una empresa.

    d. ... analiza los sistemas buscando fallos y proponiendo mejoras para la empresa.

14. Dadas las siguientes características clasifíquelas según sean de auditorías de rendimiento o de seguridad.

    a. Garantiza el cumplimiento de los objetivos de forma económica y eficiente.

    b. Se realizan test de intrusión.

    c. Identifica oportunidades de mejora.

    d. Analiza la seguridad de las redes.

DE RENDIMIENTO	DE SEGURIDAD

15. ¿Qué características debe cumplir un buen informe de auditoría?

    a. Debe ser extenso y con un lenguaje técnico especializado.
    b. Debe ser claro y conciso.
    c. No es necesario incluir evidencias pero debe ser objetivo.
    d. Si se comentan los resultados directamente con los responsables no es necesario realizar un informe.

Bibliografía

Monografías

▌ALONSO Rivas, G.: *Auditoría informática.* Madrid: Ediciones Diaz de Santos, 1989.

▌BERNAL Montañés, R: *Auditoría de los sistemas de información.* Valencia: Universidad Politécnica de Valencia, 1999.

▌DELGADO Rojas, X.: *Auditoría informática.* Costa Rica: Euned, 1998.

▌GÓMEZ Vieltes, A.: *Enciclopedia de la seguridad informática.* Madrid: Ra-Ma, 2011.

▌HERNÁNDEZ Hernández, E.: *Auditoría en informática.* Mexico: Cecsa, 2000.

▌PIATTINI Velthuis, M.: *Auditoría de tecnologías y sistemas de información.* Madrid: Ra-Ma, 2008.

▌TAMAYO Alzate, A.: *Auditoría de sistemas.* Una visión práctica. Colombia: Universidad Nacional de Colombia, 2007.

▌TANENBAUM, Andrew S.: *Redes de computadoras.* Mexico: Pearson, 2013.

Legislación

▌Ley Orgánica 3/2018, de 5 de diciembre, de Protección de Datos Personales y garantía de los derechos digitales.

Ley 34/2002, de 11 de julio, de Servicios de la Sociedad de la Información y de Comercio Electrónico.

Real Decreto Legislativo 1/1996, de 12 de abril, por el que se aprueba el Texto Refundido de la Ley de Propiedad Intelectual, regularizando, aclarando y armonizando las disposiciones legales vigentes sobre la materia.

Real Decreto 389/2021, de 1 de junio, por el que se aprueba el Estatuto de la Agencia Española de Protección de Datos.

Real Decreto 1720/2007, de 21 de diciembre, de desarrollo de la Ley Orgánica de Protección de Datos.

Reglamento (UE) 2016/679 del Parlamento Europeo y del Consejo, de 27 de abril de 2016, relativo a la protección de las personas físicas en lo que respecta al tratamiento de datos personales y a la libre circulación de estos datos y por el que se deroga la Directiva 95/46/CE (Reglamento general de protección de datos).

Textos electrónicos, bases de datos y programas informáticos

Agencia Española de Protección de datos, de: <http://www.agpd.es>.

Blog de noticias e información sobre la LOPDGDD y LSSICE, de: <https://coolabora.es/blog/>.

Blog de seguridad informática de la empresa Trend Micro, de: <http://blog.trendmicro.es>.

Centraliza, consultoría TIC, de: <http://centraliza.com>.

Guía de ciberseguridad, de: <https://www.incibe.es/sites/default/files/docs/senior/guia_ciberseguridad_para_todos.pdf>.

Guía de recomendaciones de seguridad informática, de: <https://www.rediris.es/cert/doc/docu_rediris/recomendaciones/recomendaciones.pdf>.

❚ Hispasec Sistemas: Seguridad y Tecnologías de información, de: <http://www.hispasec.com>.

❚ INTECO, Instituto Nacional de Tecnologías de la Comunicación, de: <http://www.inteco.es>.

❚ Ley de Servicios de la Sociedad de la Información, de: <http://www.lssi.es>.

❚ MAGERIT, Metodología de análisis y gestión de riesgos de los sistemas de información, de: <http://administracionelectronica.gob.es/>.

❚ Ministerio de Educación, Cultura y Deporte, de: <http://www.mcu.es/>.

❚ Portal de ISO 27001, de: <http://www.iso27000.es>.

❚ Practical Unix & Internet Security. O'Reilly. Simson Garfinkel & Gene Spafford. Second Edition, April 1996, de: <http://docstore.mik.ua/orelly/networking/puis/index.htm>.

❚ Web de seguridad informática de la empresa IDG, de: <http://www.idg.es>.

❚ Web sobre criptografía y seguridad, de: <http://www.kriptopolis.com/>.